기독교문서선교회(Christian Literature Center: 약칭 CLC)는 1941년 영국 콜체스터에서 켄 아담스에 의해 시작되었으며 국제 본부는 미국 필라델피아에 있습니다. 국제 CLC는 59개 나라에서 180개의 본부를 두고, 약 650여 명의 선교사들이 이동 도서차량 40대를 이용하여 문서 보급에 힘쓰고 있으며 이메일 주문을 통해 130여 국으로 책을 공급하고 있습니다. 한국 CLC는 청교도적 복음주의 신학과 신앙 서적을 출판하는 문서선교기관으로서, 한 영혼이라도 구원되길 소망하면서 주님이 오시는 그날까지 최선을 다할 것입니다.

추천사

오은환 목사
목포해양대학교 기독학생회 지도목사

코로나19로 인해 온 세상이 멈춘 듯 느려졌습니다. 분주함에서 벗어나 고요함 가운데 묵상의 시간이 생겼고, 하나님을 만나는 차분함도 더해 갑니다. 독서를 통해 영혼을 살찌우는 시간도 더 가질 수 있습니다.

한국교회 역시 뒤를 돌아볼 시간이 생겼습니다. 그동안 우리가 영혼의 살을 찌우기 위해 무엇을 먹고 마셨는지 점검해야 합니다. 신선한 음식이었는지 불량식품이었는지 평가해야 합니다. 먹는 음식에 따라 육과 영의 건강이 달라지기 때문입니다.

문바롬 선박 선교사가 제시하는 하나님 나라는 가슴을 설레게 하면서도 다소 무거운 주제입니다. 아직까지 한국교회는 하나님 나라에 대한 깊은 지식이 부족합니다. 저자는 이런 환경에 있는 한국교회에 한 줄기 빛을 선물합니다. 개혁주의 신학에서 2% 부족한 부분을 채웠습니다.

이 책은 구약에 임한 하나님 나라의 깊은 통찰력을 보여 줍니다. 하나님의 나라가 '성령을 통해 구약 성도들 가운데' 충만하게 임했다는 것입니다. 지금까지 신학계는 구약 시대 성령님의 내주와 통치 부분이 빈약했습니다. 그 결과 구약 시대의 구속사는 불완전했고 동물 제사로 통한 죄 사함 정도에 멈췄습니다. 이 책은 이런 구약과 신약의 약한 연결고리를 보강했습니다.

또한, 하나님 나라를 구체적으로 구약과 신약 그리고 주의 재림을 통한 통치를 세 부분으로 잘 나누었고, 그 중심을 올바르게 제시했습니다. 아직까지 교회들은 신약에 나타난 현재적 하나님의 나라에서 크게 벗어나지 못하고 있는데, 이 책은 구약에 나타난 하나님의 나라와 장차 나타날 미래적(완전한) 하나님의 통치까지 자세하게 조명합니다. 이런 깊은 통찰력은 창세기로부터 요한계시록까지 꿰뚫어 봤기 때문입니다.
　책을 쓰는 것은 결코 쉬운 일이 아닙니다. 더군다나 신학을 전공하지 않으면서 이런 깊은 주제를 다루는 것은 더 어렵습니다. 더불어 저자는 이제 33세로 매우 젊습니다. 계속해서 성령의 감동 아래 연구한다면 더 좋은 작품들이 나올 것입니다. 이번 첫 저술이 마중물이 돼 시원한 생수를 독자들에게 공급한다면 우리 모두에게 큰 기쁨이요, 값진 양식이 될 것이라 확신합니다.

유달산 자락에서

우리가 꿈꾸는 하나님 나라

The Kingdom of God We Dream
Written by Moon Ba Rom
All rights reserved.
Korean Edition Copyright ⓒ 2020 by Christian Literature Center, Seoul, Korea

우리가 꿈꾸는 하나님 나라

2020년 6월 30일 초판 발행

지은이	문바롬
편집	고윤석
디자인	전지혜, 김진영, 박하영
펴낸곳	(사)기독교문서선교회
등록	제16-25호(1980.1.18.)
주소	서울특별시 서초구 방배로 68
전화	02-586-8761~3(본사) 031-942-8761(영업부)
팩스	02-523-0131(본사) 031-942-8763(영업부)
이메일	clckor@gmail.com
홈페이지	www.clcbook.com
송금계좌	기업은행 073-000308-04-020 (사)기독교문서선교회

ISBN 978-89-341-2147-3 (93230)

이 도서의 국립중앙도서관 출판예정도서목록(CIP)은 서지정보유통지원시스템 홈페이지(http://seoji.nl.go.kr)와 국가자료공동목록시스템(http://www.nl.go.kr/kolisnet)에서 이용하실 수 있습니다. (CIP제어번호: CIP2020019774)

이 책의 저작권은 저자와 (사)기독교문서선교회가 소유합니다. 신저작권법에 의하여 한국 내에서 보호받는 저작물이므로 무단 전재와 무단 복제를 금합니다.

우리가 꿈꾸는 하나님 나라

문바롬 지음

CLC

목 차

추천사 오은환 목사 | 목포해양대학교 기독학생회 지도목사   1
들어가는 말   13

제1장   하나님 나라의 도래 ───────────── 16
1. 임박한 하나님 나라   16
2. 복음의 시작   19
3. 교회의 시작   23
4. 하나님 나라의 시작   28
5. 하나님 나라와 기적   31

제2장   하나님 나라의 왕 ────────────── 36
1. 아버지와 아들   36
2. 성령 하나님   40
3. 예수 그리스도의 나라   44
4. 왕의 귀환   49
5. 십자가의 의미   52
6. 성막, 양의 문, 새 예루살렘성   57

제3장 하나님 나라의 통치 — 63
1. 왕의 요구　　　　　　　　　　　　　63
2. 하나의 언약　　　　　　　　　　　　66
3. 성령의 법 VS 육신의 법　　　　　　　71
4. 새 계명과 율법　　　　　　　　　　　78
5. 산상수훈은 지킬 수 없다?　　　　　　82
6. 철장 통치와 왕 노릇　　　　　　　　88
7. 하나님 나라의 상급 (현재)　　　　　　91
8. 하나님 나라의 상급 (미래)　　　　　　95

제4장 구약의 성령님 — 99
1. 실패한 구약?　　　　　　　　　　　　99
2. 하나님의 사자　　　　　　　　　　　104
3. 여호와의 손/팔　　　　　　　　　　108
4. 독수리의 날개　　　　　　　　　　　111
5. 여호와의 음성　　　　　　　　　　　114
6. 하나님의 영　　　　　　　　　　　　117
7. 여호와의 말씀　　　　　　　　　　　122
8. 복음의 패러다임　　　　　　　　　　123

제5장 구약의 하나님 나라 — 126
1. 성령 충만　　　　　　　　　　　　　126
2. 구약과 구원　　　　　　　　　　　　133
3. 성령님의 떠나가심　　　　　　　　　139
4. 신약에 등장하는 구약 성령의 이름　　148
5. 신구약에 임한 하나님 나라　　　　　152

제6장   바울이 꿈꾼 하나님 나라 ——————————157
1. 바울의 회심   157
2. 바울이 버린 것   161
3. 바울과 선물   165
4. 하늘의 것   168
5. 출애굽과 십자가   173
6. 하나님의 나라   177

제7장   하나님 나라의 백성 ——————————182
1. 하나님 나라와 열매   182
2. 백성의 기업(구약)   187
3. 백성의 기업(신약)   191
4. 이기는 자는 누구인가?   194
5. 복음의 하이라이트   201
6. 성 밖의 사람들   210

나가는 말   215

표 목록

[표 1] 하나님 나라의 구성   29
[표 2] 하나님 나라와 통치   31
[표 3] 구약을 대하는 일반적인 생각   43
[표 4] 그리스도 나라의 통치   47
[표 5] 재림 때 펼쳐지는 일들   52
[표 6] 예수님의 모범   56
[표 7] 하나님을 향한 사랑의 3가지 언어   66
[표 8] 언약과 하나님 나라   71
[표 9] 성령의 법을 일컫는 다양한 표현   73
[표 10] 성령의 법을 지키는 행위   76
[표 11] 성령의 법을 지키지 않는 행위   76
[표 12] 구약을 대하는 통념   99
[표 13] 여호와의 날개와 그늘   111
[표 14] 성령의 음성을 일컫는 말   114
[표 15] 청종의 의미   115
[표 16] 하나님의 영을 일컫는 말   117
[표 17] 성령을 주의 영이라 부른 개인의 고백   121
[표 18] 다양한 구약 성령의 이름이 한 곳에 모인 구절   124
[표 19] 성령의 내주와 충만함   126
[표 20] 구원의 전달자 이스라엘   139

〔표 21〕 성도와 비성도의 모습　　　　　　　　　　144
〔표 22〕 성령을 주의 사자라 칭하는 구절　　　　　149
〔표 23〕 성령을 주의 팔 / 손이라 칭하는 구절　　149
〔표 24〕 바울이 성령을 부른 표현　　　　　　　　151
〔표 25〕 사도들이 이해한 하나님 나라　　　　　　152
〔표 26〕 이 책의 신학적 관점　　　　　　　　　　152
〔표 27〕 하나님 나라의 개념　　　　　　　　　　154
〔표 28〕 스데반의 설교　　　　　　　　　　　　157
〔표 29〕 예수께서 꾸짖는 대상의 이름　　　　　　161
〔표 30〕 바울이 책망하는 대상의 이름　　　　　　163
〔표 31〕 성도와 비성도를 나누는 기준　　　　　　183
〔표 32〕 하나님 나라의 통치와 영토　　　　　　　188
〔표 33〕 완성된 하나님 나라의 개념의 분화　　　189
〔표 34〕 완성된 하나님 나라를 지칭하는 방법　　192
〔표 35〕 다양한 성도의 이름　　　　　　　　　　194
〔표 36〕 일곱 교회의 성도가 받을 복　　　　　　195
〔표 37〕 요한계시록의 성도가 직면한 상황　　　　197
〔표 38〕 큰 환난에 대한 예언과 성취　　　　　　　199
〔표 39〕 심판의 순서　　　　　　　　　　　　　　202
〔표 40〕 피조물의 파괴와 새 창조　　　　　　　　204
〔표 41〕 성전 속의 재앙　　　　　　　　　　　　205
〔표 42〕 땅의 성전과 하늘의 성전　　　　　　　　207
〔표 43〕 요한계시록 21장의 상황　　　　　　　　207
〔표 45〕 요한계시록이 비성도를 일컫는 말　　　210
〔표 45〕 악인이 가게 될 장소　　　　　　　　　　212
〔표 44〕 성령을 따르지 않는 땅에 속한 자　　　　213

도표 목록

〔도표 1〕 아브라함의 상징성   21
〔도표 2〕 신령한 음식의 참뜻   25
〔도표 3〕 하나님 나라와 은사   34
〔도표 4〕 삼위 하나님의 관계   36
〔도표 5〕 언약의 선물 꾸러미   37
〔도표 6〕 예수께서 받으신 세례의 의미   39
〔도표 7〕 예수와 아담의 상징성   40
〔도표 8〕 예수 그리스도의 나라   45
〔도표 9〕 아버지와 아들의 나라   48
〔도표 10〕 성막의 구조   58
〔도표 11〕 양과 목자   59
〔도표 12〕 신구약에 약속된 하나의 언약   68
〔도표 13〕 율법과 계명 그리고 성령의 법의 관계   78
〔도표 14〕 율법의 기능 변화   81
〔도표 15〕 복 받는 자와 종말의 성도   86
〔도표 16〕 종말을 맞이하는 모습   90
〔도표 17〕 목이 곧은 백성을 향한 경고   115
〔도표 18〕 청종을 요구하는 신구약의 메시지   116
〔도표 19〕 시편 / 잠언 성도의 모습   138
〔도표 20〕 땅의 것과 하늘의 것   160

〔도표 21〕 아브라함의 복의 확장   166
〔도표 22〕 땅의 모형과 하늘의 모형   171
〔도표 23〕 그리스도의 속량   173
〔도표 24〕 구약과 신약의 상반된 결과   176
〔도표 25〕 하늘 보좌의 도식화   193
〔도표 26〕 새 하늘과 새 땅의 조감도   203

들어가는 말

저는 선박 선교사입니다. 선상에서 복음을 전하고 교회를 세웁니다. 선박 선교사가 되기 전 학생 시절 훈련을 받았습니다. 해양대학교는 4년의 재학 기간 중 1년의 실습 기간이 있습니다. 저는 1년의 실습 중 처음 6개월은 학교 실습선을 승선했고, 나머지 6개월은 외부 실습을 했습니다. 외부 실습은 실제 운항 중인 상선에 승선해 배우는 시기입니다. 그동안 복음을 전하기 위해 많은 준비를 했었지만, 제게 주어진 6개월의 시간은 매우 짧았습니다. 복음을 제대로 전해 보지 못하고 실습을 마치게 됐습니다.

실습 기간을 스스로 돌아보며 복음을 잘 전하지 못했던 이유를 생각해 봤습니다. 그 이유는 제게 복음에 대한 확신이 없었기 때문입니다. 이 확신은 구원에 대한 확신이 아닙니다. 신학의 부재로부터 온 확신의 결핍이었습니다. 저는 복음을 더 선명하고 잘 전하기 위해 신학 공부를 시작했습니다. 승선과 휴가를 반복하며 신학과 철학을 탐구했습니다. 하지만, 다양한 신학적 관점은 제게 답을 주지 못했습니다. 복음을 효과적으로 전하기 위해서는 하나의 관점으로 성경의 맥을 잡아 이해하는 방법이 필요했습니다.

현재까지 성경을 해석하는 주된 방법은 구속사적 입장이었습니다. 하나님께서 인류를 구원하시기 위해 예수님을 보내셨고, 예수님의 십자가 희생으로 구원의 길이 열렸다는 것을 중심으로 성경을 이해합니다. 이 구속사적 관점에서 가장 중요하게 여기는 대목은 칭의입니다. 칭의란 죄인 된 우리가 예수님을 믿음으로 하나님께 의롭다 여김을 받는 것입니다. 성도는 여전히 죄인이나 예수님의 공로로 하나님께서 의인으로 선포하시는 것으로 이해하면 됩니다.

이 칭의는 오랫동안 기독교의 핵심 교리로 자리잡았습니다. 종교개혁과 함께 등장한 개념이기 때문입니다. 이 칭의를 뒷받침하는 핵심 성구는 로마서 3:24입니다. 칭의란 우리가 오직 믿음으로 말미암아 구원을 받는다는 것을 뜻합니다. 이것은 어떤 행위 특히, 율법을 지킴으로 구원을 받는다는 것을 부인합니다.

로마서는 바울이 쓴 서신서입니다. 그래서 학자들은 칭의신학을 위해 바울을 연구했습니다. 하지만 이 연구 방법에는 치명적인 결함이 있습니다. 칭의신학을 미리 전제하고 바울을 연구했기 때문입니다. 이 전제 속의 바울신학은 구약과 신약을 철저히 분리합니다. 결국 신약 성도의 칭의를 위해 구약은 옛 언약 속의 실패자가 됐습니다.

1900년대 후반 유대교와 바울의 신학을 재조명하는 움직임이 나타났습니다. 신학자 E. P. 샌더스(Ed Parish Sanders)와 제임스 던(James Dunn)입니다. 특히 제임스 던은 구약과 신약의 연속성, 그리고 율법의 재정의를 통해 바울신학의 새 관점을 개척했습니다. 요즘 주목받는 신학자 톰 라이트(Nicholas Thomas Wright)도 이 중 한 명입니다. 하지만 이 연구도 구약 성도들을 실패한 사람들로 간주합니다. 구약의 하나님 나라를 깊이 있게 보지 못한다면 새 관점도 결코 새로운 관점이 아닙니다.

성경의 주제는 하나님 나라입니다. 하나님 나라의 주제는 여러 가지 신학적 주제와 연결돼 있습니다. 하나님 나라의 관점으로 성경을 보는 것은 성경을 가장 성경답게 보는 방법입니다.

'일반 성도가 신학을 알아야 할 필요가 있을까?'

이런 의문이 들 수도 있겠지만, 신학은 성경을 보는 도구일 뿐 성경을 정확하게 아는 것은 우리 모두에게 필요합니다. 특히, 하나님 나라를 아는 것은 우리에게 소망과 현실을 이길 수 있는 힘을 줍니다.

이제 그토록 궁금했던 하나님 나라를 탐구할 시간입니다.

제1장

하나님 나라의 도래

1. 임박한 하나님 나라

이르시되 때가 찼고 하나님의 나라가 가까이 왔으니 회개하고 복음을 믿으라 하시더라(막 1:15).

신약은 세례 요한의 복음 사역으로 시작됩니다. 이 복음의 메시지는 '하나님 나라'입니다. 하나님 나라는 성경 전체를 이해하는 키워드(Key word)입니다. 구약의 선지자들과 예수께서 전하신 모든 메시지는 하나님 나라를 향하고 있습니다.

하나님 나라의 메시지는 청중들에게 결단을 요구합니다. 하나님 나라의 복음을 접한 사람들의 반응은 2가지로 나뉩니다.

1) 즉시 순종

 예수께서 제자들을 부르시는 장면에서 눈여겨볼 것이 있습니다. 그들의 즉각적인 순종입니다. 예수께서 베드로와 야고보를 부르실 때 그들은 즉시 그물과 배를 버려두고 고향을 떠났습니다. 어부에게 그물과 배는 생계와 직결됩니다. 하나님 나라를 얻기 위해 자신들의 모든 삶을 내려놨습니다. 하나님 나라의 가치를 알았기 때문입니다.

 감춰진 보화 비유에서도 하나님 나라의 원리를 발견할 수 있습니다.

 한 농부가 어느 날 밭을 일구는 중 금은보화가 담긴 상자를 발견합니다. 소작농이었던 그는 이 금은보화를 갖기 위해 고민합니다.

 농부는 자신의 모든 소유를 팔아 그 밭을 샀습니다. 소작농의 여건에서 그 밭을 사기엔 무리가 있었지만, 그 밭에 묻힌 금은보화를 갖게 되면 훨씬 큰 이득을 얻게 되니 지혜로운 방법입니다. 농부는 자신의 소유보다 밭에 묻힌 금은보화의 가치가 더 크다는 걸 알았습니다. 농부는 가치를 따라 과감히 행동했습니다. 이처럼 하나님 나라의 복음은 우리에게 결단을 요구합니다. 우리는 세상과 하나님 나라 중 하나를 선택해야 합니다. 두 세상을 겸할 수 없습니다.

2) 무관심 혹은 착각

 요즘은 누구나 쉽게 복음을 접할 수 있습니다. 하지만 복음을 접한 사람들의 반응은 대체로 무관심합니다. 사람들은 자신의 관심 분야나 자극적인 것에 더 반응합니다. 성경은 이런 세대를 다음과 같이 비유합니다.

> 비유하건대 아이들이 장터에 앉아 서로 불러 이르되 우리가 너희를 향하여 피리를 불어도 너희가 춤추지 않고 우리가 곡하여도 너희가 울지 아니하였다 함과 같도다(눅 7:32).

예수님은 자신을 따르려는 사람에게 희생과 결단을 요구하셨습니다. 하나님 나라에 관심이 있던 사람들은 복음을 위해 모든 것을 희생해야 되는 사실을 듣고 다 떠나갔습니다.

예수님은 아버지의 장례를 지낸 후 예수님을 따르겠다고 말한 사람에게는 죽은 자들에게 죽은 자의 장례를 맡기라 하셨고, 가족과 작별 인사를 하고 예수님을 따르겠다는 사람에게는 손에 쟁기를 잡고 뒤를 돌아보는 사람은 하나님 나라에 합당하지 않다고 하셨으며, 영생을 얻는 방법을 묻는 젊은 부자 청년에겐 모든 소유를 팔아 가난한 자들에게 나눠주라 하셨습니다. 복음은 우리가 세상의 가치를 버리고 하나님 나라를 추구하도록 요구합니다.

"교회는 너무 하지 말라고 하는 게 많아. 나는 하고 싶은 것 다 하며 살다가 죽기 전에 예수님 믿고 천국에 갈 거야"라고 말하는 사람들도 있습니다. 이 말은 매우 유혹적입니다. 하지만 하나님 나라는 즉각적인 결단을 요구합니다.

열 처녀의 비유가 있습니다(마 25:1-13). 신랑을 기다리는 10명의 처녀 중 다섯은 늘 깨어 밤이나 낮이나 신랑을 기다립니다. 나머지 다섯은 그렇지 않았습니다. 언제 올지 모르는 신랑을 마냥 기다리지 않습니다.

슬기로운 다섯 처녀는 늦은 시간에 올지도 모르는 신랑을 기다리기 위해 어둠을 비출 등불의 기름을 충분히 준비했습니다. 나머지 다섯은 자신을 단장하지 않았습니다. 어느 날 저녁 갑작스레 신랑들이 왔습니다. 미련한 처녀들은 미처 신랑이 저녁에 올 것이라 생각하지 못했습니다. 미련한 처녀들의 기름은 거의 바닥이 났습니다. 슬기로운 처녀들에게 기름을 빌리려 했지만, 때는 이미 늦었습니다.

미련한 처녀들은 교회 내에 있으나 세상을 완전히 버리지 못한 사람들입니다. 하나님 나라의 가치를 잘 모릅니다. 이 세상을 더 사랑합니다. 주님의 다시 오심을 기다리지 않습니다. 더 큰 문제는 자신들이 슬기로운 처녀라고 생각하는 데 있습니다.

세상에는 두 부류의 사람이 있습니다. 하나님 나라의 가치를 발견한 자와 그렇지 못한 자입니다. 복음은 이미 많은 사람에게 전해졌습니다. 하지만 하나님 나라의 가치를 발견한 사람은 많지 않습니다.

하나님 나라는 우리에게 결단을 촉구합니다. 더이상 지체해선 안 됩니다. 하나님 나라는 이미 왔기 때문입니다.

2. 복음의 시작

이 복음은 하나님이 선지자들을 통하여 그의 아들에 관하여 성경에 미리 약속하신 것이라(롬 1:2).

신약은 복음이 비밀스럽다고 알려 줍니다. 왜 복음은 비밀스럽고 신비로울까요?

예수님을 통해 이루신 하나님의 계획이 놀랍기 때문입니다. 유대인과 이방인을 향한 이 구원의 계획은 구약에서 시작됐습니다.

아브라함은 구약에서 가장 유명한 사람입니다. 아브라함에게는 믿음의 조상이란 칭호가 있습니다. 모든 성도에게 귀감이 됩니다. 아브라함의 이야기를 통해 복음의 기원을 살펴보겠습니다.

아브라함은 대를 이을 자녀가 없었습니다. 하나님은 아브라함에게 아이를 주신다고 하셨습니다. 그리고 그 아이를 통해 복을 주신다고 약속하셨습니다. 하지만 아브라함은 하나님의 약속을 기다리지 못해 조바심을 냈습니다. 자신의 아내인 사라에게는 종이 있었는데 그 종을 통해 아들을 낳았습니다. 그 아이의 이름은 이스마엘입니다. 하지만 이스마엘은 복을 이을 자손이 아니었습니다.

이후 아브라함은 사라를 통해 이삭을 얻었습니다. 이삭이 자란 후 하나님께서는 아브라함을 시험하셨습니다. 이삭을 제물로 바치라고 명하셨습니다. 아브라함은 믿음으로 순종했습니다. 이삭을 죽이려고 결심한 순간 하나님의 사자가 이를 제지했습니다. 아브라함은 하나님께서 이삭을 다시 살리실 줄 믿었습니다(히 11:19). 이 믿음은 하나님께 의로 여겨졌습니다.

아브라함의 상징성에 대해 더 알아보겠습니다. 아브라함은 믿음의 시험을 통과했습니다. 그래서 아브라함을 믿음의 조상이라고 합니다. 하지만 아브라함이 믿음의 조상인 이유는 따로 있습니다.

구약은 사람을 이스라엘과 이방인으로 나눕니다. 이 둘을 나누는 기준 중 가장 큰 특징은 '할례'입니다. 이스라엘 사람들은 남자아이가 태어나고 8일이 되는 날에 할례를 행합니다. 이방인은 이를 행하지 않습니다.

아브라함은 이삭이 태어나기 전 할례의 계명을 받았습니다. 그리고 이삭이 태어난 후 믿음의 시험을 통과했습니다. 하지만 아브라함은 이삭을 제물로 바쳤기 때문에 시험을 통과한 게 아닙니다. 하나님의 신실하심과 그 약속을 믿었기 때문입니다(롬 4:19-21).

아브라함이 이삭을 제물로 바친 믿음은 즉흥적이지 않습니다. 아브라함은 이미 하나님과 동행하는 삶을 살았습니다. 아브라함은 하나님을 언제나 신뢰했습니다. 아브라함은 성령의 사람이었습니다.

〔도표 1〕 아브라함의 상징성

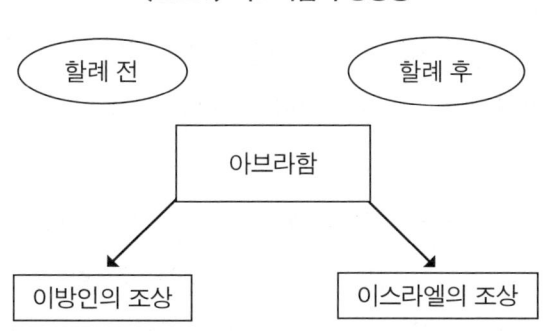

할례를 받기 전 아브라함과 받은 후의 아브라함은 두 부류의 사람을 상징합니다. 할례를 받기 전은 이방인을, 받은 후는 이스라엘 사람들을 상징합니다. 아브라함은 할례를 행하지 않은 상태에서 믿음으로 의롭다 여김을 받았습니다. 이방인은 할례를 행하지 않기 때문에 아브라함은 이방인의 조상이 됩니다.

아브라함은 할례를 받은 후에도 의로우니 이스라엘의 조상도 됩니다. 아브라함은 모든 믿음의 사람들에게 조상이 될 수 있습니다. 하나님께서 아브라함을 믿음의 조상으로 세우신 것은 바로 이 이유입니다.

> 그런즉 믿음으로 말미암은 자들은 아브라함의 자손인 줄 알지어다 또 하나님이 이방을 믿음으로 말미암아 의로 정하실 것을 성경이 미리 알고 먼저 아브라함에게 복음을 전하되 모든 이방인이 너로 말미암아 복을 받으리라 하였느니라 그러므로 믿음으로 말미암은 자는 믿음이 있는 아브라함과 함께 복을 받느니라(갈 3:7-9).

보통은 아브라함의 복을 설교할 때 물질적인 복과 연관시킵니다. 이어서 아브라함과 같은 '믿음'을 본받기를 강조합니다. 하지만 아브라함이 받은 복은 물질의 복이 아니었습니다. '하나님의 자녀'가 되는 것 자체가 아브라함이 받은 복입니다.

구약에서 시작된 복음은 이스라엘과 이방인 모두 하나님의 자녀가 되게 합니다. 이것은 성경과 하나님 나라를 이해하는 중요한 관점입니다. 복음은 구약에서 신약으로 전달됐습니다. 복음은 하나며 모든 세대에 같은 원리가 적용됩니다. 복음은 하나님 나라에 대해 말해 줍니다. 우리는 예수 그리스도를 통해서만 하나님 나라의 자녀가 될 수 있습니다.

복음은 하나님의 약속에 근거합니다. 우린 그 약속을 믿어야 합니다. 오직 그 약속 안에서 하나님의 자녀가 됩니다. 복음은 우리의 구원에 대해 말해 줍니다. 구원은 단순히 천국에 가는 것만 의미하지 않습니다. 이제부터 구원을 하나님 나라의 관점으로 봐야 합니다. 하나님 나라의 백성이 되는 것, 이것이 복음의 핵심입니다.

3. 교회의 시작

교회는 언제부터 시작됐을까요?

이 물음을 가지고 구약 시대의 성전을 알아보겠습니다.

다윗은 성전 건축을 계획했습니다. 이어서 다윗의 아들 솔로몬이 성전을 완공했습니다. 구약 성도들은 성전이 하나님께서 계시는 곳이라고 생각했습니다. 하지만 성전을 지은 솔로몬조차 하나님은 그곳에 계시지 않는다고 했습니다. 성전과 교회의 기원은 성막입니다. 성막은 출애굽기에 등장합니다. 출애굽기는 이스라엘 민족이 애굽(이집트)의 종살이에서 벗어나는 스토리를 다루고 있습니다.

하나님께서는 지도자 모세를 세우신 후 이스라엘을 해방하셨습니다. 그리고 가나안 행군에 앞서 모세에게 성막 건축을 지시하셨습니다. 이스라엘 민족은 시내 산에서 성막을 다 지은 후 가나안을 향해 떠났습니다. 이스라엘 민족은 언제나 성막과 함께 움직였습니다. 하나님은 낮에는 구름기둥 밤에는 불기둥으로 이스라엘을 이끄셨습니다. 이스라엘은 하나님과 동행했습니다. 광야는 하나님과 동행하는 장소입니다. 성막과 성전 그리고 교회는 하나님의 백성들이 모이는 곳이며 하나님과 동행하는 곳입니다.

1) 만나와 메추라기(성만찬의 참 뜻)

> 시내 산에서 말하던 그 천사가 우리 조상들과 함께 광야 교회에 있었고 또 살아 있는 말씀을 받아 우리에게 주던 자가 이 사람이라(행 7:38).

이 본문은 스데반 집사의 설교입니다. 스데반은 청중들에게 구약의 '광야 교회'를 언급합니다. "지금과 같은 교회가 어떻게 구약에 있었을까?"를 생각하기보단, 교회의 본질에 눈을 돌려 보면 스데반의 말이 이해될 것입니다. 교회는 하나님과 성도의 교제가 있는 곳입니다. 이 교제는 광야에서 시작됐고 성막은 그 교제를 연결했습니다.

> 형제들아 나는 너희가 알지 못하기를 원하지 아니하노니 우리 조상(구약교회)들이 다 구름 아래에 있고 바다 가운데로 지나며 모세에게 속하여 다 구름과 바다에서 세례를 받고 다 같은 신령한 음식을 먹으며 다 같은 신령한 음료를 마셨으니 이는 그들을 따르는 신령한 반석으로부터 마셨으매 그 반석은 그리스도시라 그러나 그들의 다수를 하나님이 기뻐하시지 아니하였으므로 그들이 광야에서 멸망을 받았느니라(고전 10:1-5).

바울이 고린도 교회에 보낸 서신입니다. 바울은 신약교회 성도들에게 구약교회의 기원을 설명해 줍니다.

1절의 조상은 이스라엘 사람들입니다. 그들은 구름과 바다에서 세례를 받았고, 신령한 음식과 신령한 음료를 마셨습니다. 신령한 음식과 신령한 음료는 예수께서 말씀하신 성만찬을 의미합니다. 더 연결하자면 성령의 세례와 관련이 있습니다. 지금 설명하기 이르지만, 구약교회의 사람들도 성령의 세례를 받았습니다. 그 세례의 반석은 예수님이었습니다.

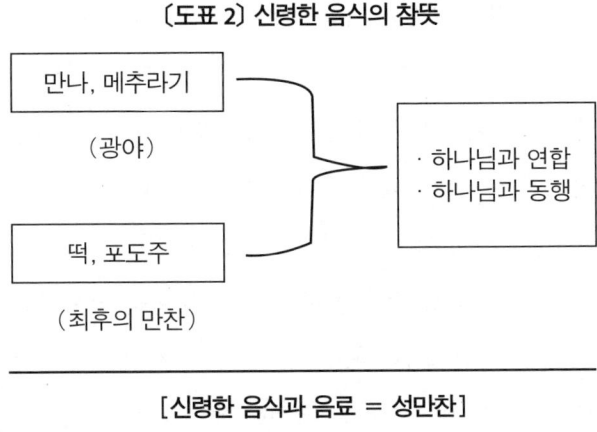

[도표 2] 신령한 음식의 참뜻

[신령한 음식과 음료 = 성만찬]

다시 출애굽기 이야기로 돌아가 보겠습니다. 이스라엘 백성들은 애굽을 떠나 노예의 신분에서 벗어났습니다. 하나님은 이스라엘에게 젖과 꿀이 흐르는 땅으로 인도해 주신다고 약속하셨습니다. 하지만 가나안 땅에 가기 위해서는 광야를 지나가야 했습니다.

당장 의식주가 필요했습니다. 이스라엘은 모세에게 먹을 것을 요구했습니다. 하나님께서는 매일 필요한 만큼의 만나와 메추라기를 주셨습니다.

광야는 이스라엘을 시험하는 장소였습니다. 많은 사람은 광야의 악조건을 이기지 못하고 하나님을 원망했습니다. 매일같이 먹는 만나와 메추라기를 지겨워했습니다. 차라리 애굽의 종으로 죽는 것이 광야에서 죽는 것보다 낫다고 불평했습니다. 이스라엘 다수는 하나님께 기쁨을 드리지 못했습니다. 하나님과 동행하는 것보다 이생의 평안함을 원했습니다.

5절의 다수는 하나님께 기쁨을 드리지 못했지만, 그중 소수의 사람은 하나님께 기쁨을 드렸습니다. 이 사람들은 구약 성도입니다. 구약 성도는 먹고 마시는 것과 같은 세상의 유혹으로부터 자신을 정결케 했습니다. 이들에게 만나와 메추라기는 단순한 음식이 아닙니다. 하나님께서 매일 같이 주시는 만나는 하나님의 은혜를 떠오르게 합니다. 이 영적인 만나를 매개로 구약 성도들은 하나님과 더욱 가까워졌습니다. 하나님께서 주시는 영적 음식은 영원히 마르지 않는 샘물과도 같습니다.

예수님은 성령의 세례를 받으신 후 40일간 시험을 받으셨습니다. 이때 사탄은 3번 주님을 시험했습니다. 그 중 첫 번째 시험은 구약의 만나와 메추라기와 관련이 있습니다. 사탄은 굶주린 예수님에게 돌을 떡 덩이가 되게 하라고 했습니다. 하지만 예수님은 구약을 인용하시면서 대답하셨습니다.

> 사람이 떡으로만 살 것이 아니요 여호와의 입에서 나오는 모든 말씀으로 사는 줄을 네가 알게 하심이니라(신 8:3).

예수님은 만나와 메추라기의 진정한 의미를 말씀하셨습니다. 구약교회에 진정 필요했던 것은 먹고 마시는 게 아니었습니다. 그것은 하나님과의 교제였습니다. 그들이 광야 교회에서 먹고 마셨던 신령한 음식은 성령님과 함께 누렸던 하나님 나라입니다.

예수님은 십자가에 달리시기 전 제자들과 함께 마지막 만찬을 나누셨습니다. 떡과 잔을 나누시며 제자들에게 말씀하셨습니다.

> 이것은 죄 사함을 얻게 하려고 많은 사람을 위하여 흘리는 바 나의 피 곧 언약의 피니라(마 26:28).

이 예수님의 말씀은 우리에게 언약이 무엇인지 알려 줍니다. 우리는 이 언약 속에서 하나님과 교제할 수 있습니다. 최후의 만찬에서 시작된 이 기념식은 현재 교회에서 기념하는 성만찬 제도가 됐습니다. 광야, 만나와 메추라기 그리고 성만찬은 언약 속에서 이뤄진 성도와 하나님의 연합으로 우리를 초대합니다.

2) 구약교회

> 그들은 이스라엘 사람이라 그들에게는 양자 됨과 영광과 언약들과 율법을 세우신 것과 예배와 약속들이 있고(롬 9:4).

바울은 이스라엘 사람들이 어떤 것을 지녔는지 알려 줍니다. 이스라엘 사람들에게는 양자 됨, 영광, 언약들, 율법을 세우심 그리고 예배와 약속들이 있었습니다. 이스라엘은 스스로 육신으로나 율법으로나 하나님의 자녀라고 생각했습니다. 그들에게는 '선민의식'이 있었습니다. 선민의식이란 선택받은 민족이 지닌 우월주의입니다. 그런데 바울은 그들도 양자라고 했습니다.

구약 성도들은 처음부터 하나님의 자녀가 아니었습니다. 구약의 성도들은 광야 교회에서 하나님을 만났습니다. 그곳에서 하나님을 예배했습니다.

모든 인간은 하나님과 단절된 상태로 태어납니다. 하나님의 자녀가 되는 것은 예수님을 통해 가능합니다. 하나님의 자녀가 되는 것은 양자 됨과 접붙임을 당하는 나뭇가지와 같습니다.

예수 그리스도는 참 감람나무입니다. 그리고 이스라엘은 복음을 먼저 들은 참 감람나무의 가지입니다. 신약교회의 성도는 돌 감람나무입니다. 본질은 돌 감람나무이지만 참 감람나무에 접붙여 하나님의 자녀가 됐습니다. 이것은 하나님의 뜻입니다. 구약의 복음을 들은 신약의 성도들도 하나님의 양자가 됩니다(롬 11:20-27).

성도는 거룩한 성전입니다. 거룩한 하나님의 영이 성도들에게 임했기 때문입니다. 하나님은 거룩한 성도들에게 임재하십니다. 하나님께서 계시는 곳이 성전이며 하나님과 성도의 교제가 이뤄진 곳이 바로 교회입니다.

4. 하나님 나라의 시작

신약 성경에는 하나님 나라의 이중성이 보입니다. 어떤 곳에서는 하나님 나라가 이미 임했다고 하지만 또 다른 곳에서는 아직 오지 않았다고 합니다.

하나님 나라의 이중성은 '이미'와 '아직'으로 설명할 수 있습니다. 이미 임한 하나님의 나라는 하나님께서 통치하시는 곳입니다. 이 땅은 성령께서 통치하시며 그 대상은 성도입니다. 아직 임하지 않은 하나님의 나라는 예수께서 재림하실 때 완성됩니다.

〔표 1〕 하나님 나라의 구성

왕
통치
백성
영토 / 왕국

하나님 나라는 왕, 통치, 백성과 영토로 이뤄집니다. 여기서 주의 깊게 볼 것은 하나님 나라의 통치와 그 방법입니다. 하나님 나라를 '이미'와 '아직'으로 나누는 기준이 되기 때문입니다.

일반적으로 국가를 생각할 때 먼저 떠오르는 건 영토입니다. "중국은 땅이 넓고, 북극은 지구의 북쪽 끝에 있다" 등으로 지리적인 특징이 먼저 떠오릅니다. 천국을 생각할 때도 마찬가지입니다. 우리는 보통 천국 하면 죽어서 가는 곳을 떠올립니다. 하지만 이제 그 개념을 바꿔야 합니다. 하나님 나라의 통치는 이미 실현됐기 때문입니다.

> 하나님의 나라는 먹는 것과 마시는 것이 아니요 오직 성령 안에 있는 의와 평강과 희락이라(롬 14:17).

이 땅에 임한 하나님 나라는 보이지 않습니다. 하지만 그 통치는 이미 성도들에게 임했습니다. 하나님 나라가 이미 임했다는 것은 하나님의 통치가 시작됐다는 말과 같습니다. 하나님 나라의 통치는 성령님을 통해 성도에게 이뤄집니다. 성도는 성령 안에서 누리는 기쁨과 평화로 하나님 나라를 미리 맛볼 수 있습니다.

흔히 교회 건물을 성전이라 부르기도 합니다. 하지만 교회가 아무리 크고 아름다워도 건물은 건물일 뿐입니다. 앞에서 나눈 것처럼 성전의 본래 의미는 하나님과 성도의 교제가 있는 곳입니다. 하나님의 통치가 실현되는 곳입니다. 바울은 성도를 거룩한 성전이라고 했습니다. 하나님의 성령이 성도 안에 내주하시기 때문입니다. 성령님은 성도와 하나님의 연합을 돕습니다. 성도는 하나님이 계시는 하나님의 나라입니다(고전 3:16; 6:19).

하나님 나라는 이미 임했지만, 아직 완성되지 않았습니다. 이 완성은 하나님의 창조 계획에 포함됐습니다. 하나님께서는 백성들에게 하나님 나라의 유업을 약속하셨습니다. 그 유업은 앞으로 완성될 하나님 나라입니다. 성도들이 이 유업을 받을 때 하나님의 언약은 완성됩니다.

이 유업은 물리적이고 실제적인 공간입니다. 그곳은 구약의 에덴동산이나 가나안 땅과는 다릅니다. 새롭게 창조되는 장소입니다. 하나님께서는 이곳을 주권적으로 통치하십니다. 통치의 영역이 성도에서 모든 피조물로 확장됩니다.

〔표 2〕 하나님 나라와 통치

	이미 임한 하나님 나라	아직 임하지 않은 하나님 나라
통치 대상	성도	모든 피조물
통치 방법	성령의 내주와 감동 / 성령의 법	주권적인 하나님의 권능
시작 시기	아담과 하와 때부터	예수님의 재림 후

그렇다면 하나님 나라는 언제부터 시작됐을까요?

이미 임한 하나님의 나라는 하나님 나라의 백성들입니다. 하나님의 백성들이 존재했을 때부터 하나님 나라는 시작됐습니다. 교회와 복음은 구약에서 시작됐습니다. 하나님 나라의 백성들은 구약 시대부터 있었습니다. 하나님 나라의 통치는 구약에서 시작됐습니다.

5. 하나님 나라와 기적

> 예수께서 온 갈릴리에 두루 다니사 그들의 회당에서 가르치시며 천국 복음을 전파하시며 백성 중의 모든 병과 모든 약한 것을 고치시니(마 4:23).

예수님은 "회개하라 천국이 가까이 왔느니라"(마 4:17)라는 메시지와 함께 기적을 행하셨습니다. 예수님의 기적 또한 하나님 나라의 관점에서 봐야 합니다.

예수님은 주로 가난하고 병든 자들에게 기적을 행하셨습니다. 맹인이 보게 되고, 다리 저는 사람이 서게 되고 나병, 중풍, 혈루증 등이 치유됐습니다. 특히 귀신을 내쫓는 사역은 하나님 나라가 이미 임한 징표로 주목해야 합니다. 귀신의 떠나감은 사탄이 패배했다는 증거이기 때문입니다(막 3:22-27). 청중들은 이 기적과 함께 앞으로 임할 하나님 나라를 미리 경험했습니다.

예수님의 기적들을 오해한 사람들도 있었습니다. 그들은 오병이어의 기적을 보자 예수님을 이 세상의 왕으로 삼으려고 했습니다. 예수님이 자신의 왕이 되면 적어도 굶지는 않으리라 생각했습니다. 예수님은 황급히 그 자리를 떠나셨습니다.

구약교회에서 만나와 메추라기를 먹었던 이스라엘 백성들도 이런 오해를 했을 것입니다. 그래서 하나님께서는 매일 먹을 만큼의 만나를 주셨습니다. 참된 양식은 만나와 메추라기가 아니라 그리스도 안에서 이뤄진 하나님과의 교제(하나님 나라)이기 때문입니다(요 6:32-33). 하나님은 우리가 비본질적인 것에 눈이 멀지 않기를 바라십니다. 하나님 나라는 먹고 마시는 것으로 채워지지 않습니다.

성령님의 마지막 임무는 예수님의 재림 때 끝이 납니다. 그 임무는 성도를 부활시키는 것입니다. 성령께서 성도와 함께하시면 성도는 새사람이 됩니다. 영이 새롭게 됩니다. 하지만 육체는 그대로입니다(고후 4:16).

성도의 몸은 부활 때에 천사와 같이 온전해집니다(마 22:30). 이 온전함은 예수님의 부활과 같습니다(고전 15:49; 빌 3:21). 성도의 부활은 성령께서 보증해 주십니다(고후 5:5). 성령께서는 재림 때까지 성도가 하나님의 자녀인 것을 대변하십니다.

성도의 속 사람은 이미 변했지만, 아직 온전하진 않습니다. 그 온전함은 하나님 나라가 완전히 임할 때 이뤄집니다. 성도의 몸과 같이 이미 임한 하나님의 나라도 아직 완전하지 않습니다. 그 불완전함은 기적과 은사에도 적용됩니다.

'은사 폐지론'이라는 말이 있습니다. 이것을 믿는 사람들은 성경의 기적들은 이제 사라졌다고 생각합니다. 하지만 기적은 지금도 유효합니다. 다만, 하나님 나라를 위해 존재합니다. 우리는 기적을 통해 하나님 나라를 경험할 수 있습니다. 하지만 기적은 일어날 수도 있고 안 일어날 수도 있습니다. 기적 자체에 큰 의미를 부여해서는 안 됩니다.

어떤 사람들은 구원의 징표를 '방언'이라고 생각합니다. 방언을 못 하면 구원도 못 받는다고 생각합니다. 그래서 방언 훈련도 시킵니다. 치유와 귀신 쫓음이 하나님 나라를 위해 존재하는 것처럼 방언도 하나님 나라를 위해 존재합니다. 성도들에게 유익함을 주는 정도로 생각해야 합니다. 할 수도 있고 못 할 수도 있습니다.

그 외에 방언을 통역하고 예언하는 등의 은사들도 하나님 나라 관점으로 봐야 합니다. 은사는 특별한 사람에게만 주어지는 게 아닙니다. 은사는 있다가도 없어질 수도 있습니다.

> 우리는 부분적으로 알고 부분적으로 예언하니 온전한 것이 올 때에는 부분적으로 하던 것이 폐하리라(고전 13:9-10).

완전한 하나님 나라가 임하면 모든 은사는 사라집니다. 하지만 사라지지 않는 유일한 것이 있습니다. 바로 사랑입니다. 이 사랑은 하나님과 백성의 사랑입니다. 하나님을 향한 우리의 사랑은 사라지지 않습니다.

[도표 3] 하나님 나라와 은사

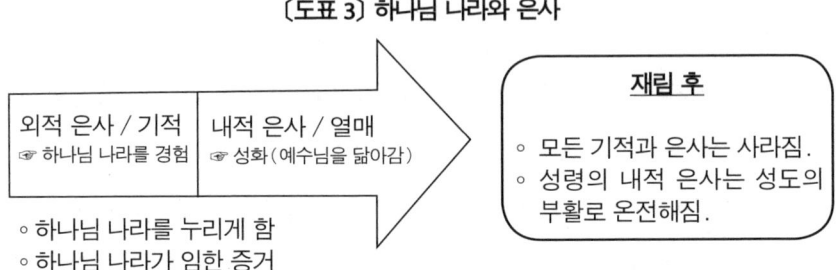

교회의 머리는 그리스도입니다. 손과 발은 성도입니다. 성도는 서로의 은사로 교회를 섬겨야 합니다. 질서와 절제 속에서 은사를 사용해야 합니다. 은사는 하나님 나라를 위해, 성도를 섬기기 위해 존재합니다. 성도가 서로를 섬기며 사랑하는 것은 하나님 나라가 이 땅에 임한 모습입니다(고전 12:4- 31).

성령의 은사는 하나님 나라를 확장하는데 사용됩니다. 하나님 나라를 맛보게 해주며, 복음을 전하는 유익한 수단이 됩니다. 은사에는 방언과 예언 그리고 방언통역 등과 같이 눈에 보이는 은사와, 눈에는 보이지 않지만 성도의 성품을 변화시키는 은사가 있습니다. 성품을 변화시키는 것은 성도가 맺는 성령의 열매입니다(갈 5:22-24). 가시적인 은사는 있을 수도 있고 없을 수도 있지만, 내적인 열매는 모든 그리스도인이 맺어야 합니다.

성도가 열매를 맺도록 노력하는 것은 하나님 나라의 통치가 임한 모습입니다. 성도는 성령을 따라 살며 예수님을 닮아 갑니다. 외적인 은사와 내적인 은사들이 균형 있게 자라 열매 맺는 것은 하나님 나라 백성의 바람직한 모습입니다.

제2장

하나님 나라의 왕

1. 아버지와 아들

〔도표 4〕 삼위 하나님의 관계

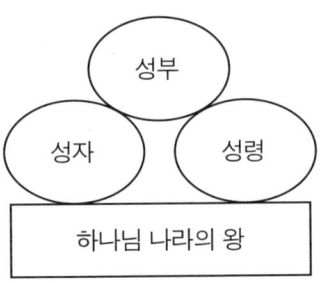

　삼위 하나님은 함께 연합하십니다. 세 분은 독립된 존재이시면서도 하나이십니다. 우리의 지혜로 삼위 하나님의 존재를 이해하기는 어렵지만, 하나님 나라의 관점으로 생각해 보면 그 문제는 다소 해결됩니다. 삼위 하나님께서 하나님 나라를 세우시기 위해 어떤 역할을 감당하시는지 알아보겠습니다.

1) 아버지 하나님

성부 하나님께서는 이 세상을 창조하셨습니다. 그분의 형상을 따라 인간도 창조하셨습니다. 구약 백성들은 성부 하나님을 여호와 닛시, 라파, 이레 등으로 칭송했습니다. 성부 하나님은 삼위 하나님의 근본이며 온 우주의 왕이십니다. 스스로 계시며 온전하십니다.

구약 성도들은 하나님을 거룩한 존재로 생각했습니다. 이름조차 불러서는 안 되는 존재였습니다. 하지만 예수님은 우리에게 자신을 친구라고 부르도록 하셨습니다. 성도는 예수님과 같이 하나님의 자녀이기 때문입니다. 우리는 하나님을 아버지라 부를 수 있습니다.

성부 하나님은 이 세상의 창조와 회복 그리고 자신의 백성들을 위한 계획을 세우셨습니다. 성령 하나님은 성부 하나님의 계획을 실행하시고 유지하십니다. 성자 예수님은 하나님의 뜻에 따라 이 세상에 오셨습니다. 성 삼위 하나님은 자신의 백성을 위한 일을 분담하십니다. 이 계획에는 언약을 통한 인간과 하나님 사이의 관계 회복, 십자가를 통한 언약의 확증, 성령의 선물과 부활의 보증과 더불어 재림 시의 새 창조가 포함됩니다.

〔도표 5〕 언약의 선물 꾸러미

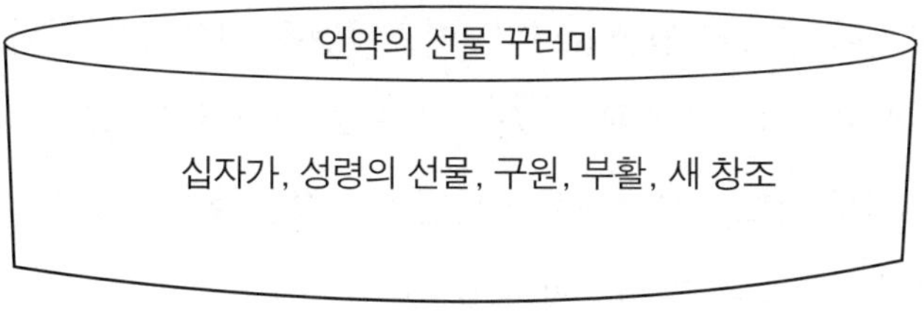

언약의 선물 꾸러미

십자가, 성령의 선물, 구원, 부활, 새 창조

2) 아들 예수님

타 종교는 예수님을 많은 선지자 중 한 명으로 생각합니다. 하지만 성경은 예수께서 하나님의 아들이신 것을 밝히고 있습니다. 예수님은 세상이 창조될 때 하나님과 함께 계셨고(요 1:1-2), 하나님과 하나이십니다(요 10:30, 38). 예수님은 성부 하나님의 계획으로 이 땅에 오셨습니다. 하나님 나라의 회복 그리고 백성들의 구원은 오직 예수님을 통해 가능합니다. 이것이 아버지 하나님의 뜻입니다.

성부 하나님은 심판의 권한을 예수님께 위임하셨습니다. 모든 피조물은 심판의 권한을 가지신 예수님을 공경하게 될 것입니다. 아들을 높이시려는 아버지의 뜻입니다. 하나님 나라의 왕이신 성부와 성자께서는 왕의 보좌에 나란히 앉아 계십니다. 때가 차고 하나님 나라의 비밀이 이뤄질 때, 성부 하나님과 성자 예수님은 함께 오실 것입니다. 온 열방은 하나님의 영광과 심판 앞에 서게 됩니다.

3) 예수님의 형상

이스라엘 백성들은 출애굽 후 성막과 함께 광야를 행진했습니다. 하나님의 영광이 성막에 임했습니다. 이스라엘은 하나님을 경외했습니다(출 19:9). 하지만 이스라엘 백성 중 그 누구도 하나님의 모습을 보지 못했습니다. 광야의 지도자 모세조차 하나님의 모습을 보지 못했습니다. 그 누구도 하나님의 모습을 본 사람이 없습니다(요 5:37).

성경은 예수님을 하나님의 형상이라고 알려 줍니다(고후 4:4; 골 1:15; 히 1:3). 이 형상에 대해 많은 이견이 있지만, 예수님은 성부 하나님과 본질적으로 동일하십니다. 인간은 하나님의 형상에 따라 창조됐습니다. 원죄로 인해 이 형상은 오염됐지만, 마지막 때 성도는 예수님과 같은 몸으로 부활합니다. 성도의 부활은 하나님의 형상을 회복합니다.

4) 첫 열매

예수님은 공생애 사역을 시작하시기 전 성령의 세례를 받으셨습니다(마 3:16). 이 사건은 세상의 죄가 예수님께 전가되는 시점입니다. 십자가의 희생이 모든 인류의 죄를 대속하기 위한 절차입니다. 구약 시대의 죄인이 양이나 소에게 이스라엘 백성들의 죄를 전가한 것과 같습니다.

〔도표 6〕 예수께서 받으신 세례의 의미

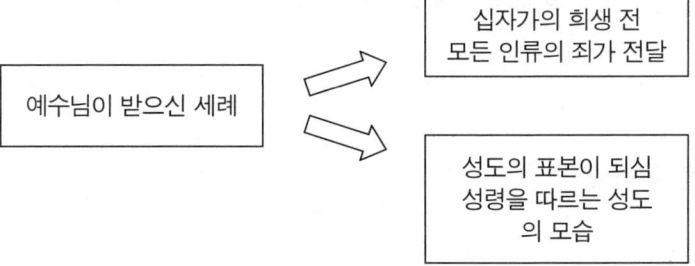

예수님은 40일 광야 시험에서부터 십자가의 희생에 이르기까지 아버지의 뜻에 순종하셨습니다. 모든 인간적 고뇌를 성령과 함께 이겨내셨습니

다(마 26:39, 42). 이 모습은 하나님 나라의 백성들이 지향해야 할 자세입니다. 예수님은 하나님 나라 백성의 표본, 첫 열매입니다.

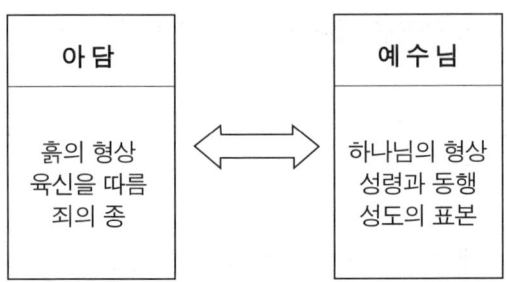

〔도표 7〕 예수와 아담의 상징성

아담과 하와는 하나님의 계명을 저버렸습니다. 아담은 흙에 속한 자, 육신의 사람을 상징합니다. 예수님의 순종은 아담의 불순종과 대비가 됩니다. 예수님은 하늘에 속한 자, 성도들의 대표입니다. 아담이 육신의 욕심을 따랐다면, 예수님은 성령을 따르셨습니다. 아담 안에서 모두가 죄를 범했다면, 그리스도 안에서 모두가 살 것입니다(고전 15:20-22).

2. 성령 하나님

예수께서 대답하여 이르시되 진실로 진실로 네게 이르노니 사람이 거듭나지 아니하면 하나님의 나라를 볼 수 없느니라 니고데모가 이르되 사람이 늙으면 어떻게 날 수 있사옵나이까 두 번째 모태에 들어갔다가 날 수 있사

옵나이까 예수께서 대답하시되 진실로 진실로 네게 이르노니 사람이 물과 성령으로 나지 아니하면 하나님의 나라에 들어갈 수 없느니라(요 3:3-5).

바리새인 니고데모는 예수님을 만났습니다. 니고데모는 예수님께 어떻게 영생을 얻을 수 있는지 물었습니다. 예수님은 그를 책망하시며 "사람이 거듭나지 않으면 하나님 나라에 들어갈 수 없다"라고 말씀하셨습니다. 사람이 어떻게 다시 태어날 수 있는지 니고데모가 되묻자 예수님은 물과 성령으로 다시 태어나야 한다고 말씀하셨습니다.

1) 물과 성령

구약 시대 제사장은 성막에서 제사를 지냈습니다. 제사장은 성막에 들어가기 전 여러 가지 절차를 따라야 했습니다. 성소 입구에는 물두멍이 있었습니다. 제사를 마친 후 씻는 용도입니다. 제사장도 이 물로 자신을 씻어야 했습니다. 물은 사람을 정결케 하는 구약의 율법 도구입니다. 예수께서 말씀하신 '물'은 이 시대로 비춰 보면 '말씀'입니다.

말씀은 우리의 죄를 드러냅니다. 우리가 죄인이란 사실을 알려 줍니다. 죄 앞에서 무력감을 느낀 인간은 예수님을 보게 됩니다. 말씀은 우리를 예수님께 인도해 줍니다. 예수님은 우리의 죄를 씻어 주십니다.

성령은 말 그대로 성령님입니다. 우리가 죄인임을 고백하고 예수님을 구주로 영접하면 성령을 선물로 받습니다. 물과 성령으로 태어난다는 것은 성령 안에서 새사람이 되는 것입니다(고후 5:17). 성령 안에 그리스도인이 된 사람은 하나님 나라에 참여한 사람입니다.

성령께서 하시는 일을 이해하면 이미 임한 하나님 나라의 원리를 쉽게 이해할 수 있습니다. 아버지와 아들에 이어 하나님의 사랑을 실현하시는 성령님에 대해 더 알아보겠습니다.

2) 하나님 나라의 일

성령님은 하나님의 영이십니다. 하나님을 가장 잘 아십니다(고전 2:10-11). 성령님은 성부 하나님께서 계획하신 일들을 실행하십니다. 성령님은 하나님 나라의 대변자이십니다. 또한, 성령님은 예수님이 하나님의 아들이신 것을 증언하십니다(요 15:26). 성령님은 이 일들을 구약 시대부터 해 오셨습니다(벧전 1:10-11).

성령님은 자신의 백성들을 진리로 인도하십니다(요 14:26). 그들을 위해 쉼 없이 기도하십니다. 그들이 잘못된 길로 갔을 때는 매우 탄식하십니다(롬 8:23). 성령 하나님은 인격적이시며 아버지의 백성들을 매우 사랑하십니다. 우리는 성령님을 근심케 해서는 안 됩니다(엡 4:30).

성령님은 구약 시대부터 지금까지 같은 방법, 같은 조건으로 하나님 나라의 백성들을 통치하고 계십니다. 하지만 대부분의 사람은 구약 시대의 통치는 신약의 방법과 다르다고 생각합니다. 이 통치를 '신정 정치'라 부릅니다. 신정 정치는 구약 시대를 다음과 같이 설명합니다.

〔표 3〕 **구약을 대하는 일반적인 생각**

> 아브라함의 언약이 점점 확대돼 하나님 나라를 이뤄 간다. 이 나라는 하나님께서 직접 말씀하시기도 하고 성령을 통해 이적과 기적으로 다스리셨다. 이 통치에는 성령께서 많은 일을 담당하셨는데 주로 선지자나 선택된 사람들에게 조건적으로 임하여 기적 및 예언을 행하셨다. 만일 하나님의 나라를 이뤄 가는데 이들이 필요 없다면 성령은 언제든지 그들을 떠나갈 수 있다. 하나님 나라는 하나님께 권한을 받은 왕과 선지자 그리고 제사장들을 통해 간접적으로 통치됐다.

신정 정치의 성령님은 하나님 나라를 이루기 위해서만 존재하는 것 같습니다. 구약 성도를 사랑하시는 성령님의 모습은 찾아볼 수 없습니다.

구약의 하나님 나라는 성령을 통해 이뤄졌습니다. 성령님은 구약 성도 개개인에게 내주하셨습니다. 성도들과 깊은 관계를 맺으셨습니다. 친밀한 관계 속에 성도들을 인도하셨습니다. 성령님이 없는 구약은 단순한 교훈으로 평가될 것입니다. 구약 성도들이 성령님과 함께 하나님 나라를 누렸는지 알게 된다면, 복음의 깊이와 풍성함을 알게 됩니다.

성령님께서는 구약이나 신약에서 모두 같은 방법으로 일하셨습니다. 성령님은 구약에서는 아버지의 이름으로(마 10:20), 신약에서는 아들의 이름으로(요 14:26) 오셨습니다.

왜 성부 하나님은 성령님을 예수님의 이름으로 보내셨을까요?

모든 피조물이 예수님을 경배하길 바라는 성부 하나님의 의도가 담겨 있습니다.

3) 연합과 통치

성령께서 우리 안에 계시면 우리는 거룩해집니다(엡 2:22). 하나님께서 거하실 처소가 됩니다. 예수님은 포도나무의 비유에서 제자들에게 하나님의 사랑 안에 거하라고 하셨습니다(요 15:9). 아버지와 아들이 사랑 안에 함께 계신 것처럼, 우리도 성령 안에서 함께할 수 있습니다. 성부, 성자, 성령 하나님께서 하나이신 것처럼 우리도 이 신비로움에 참여합니다.

성 어거스틴은 성 삼위일체의 신비를 사랑으로 비유했습니다. 성부를 아버지, 성자를 아들로 비유하고, 그분들의 사랑을 성령님으로 표현했습니다. 이 비유는 삼위 하나님의 관계를 잘 설명해 줍니다. 부모와 자식이 서로 사랑하는 것처럼 하나님과 우리들은 서로 사랑할 수 있습니다.

이 사랑은 하나님께서 자신의 백성들을 통치하시는 근본적인 동력입니다. 하나님 나라 백성들은 하나님을 사랑하는 마음으로(성령 안에서) 하나님 나라의 법을 지킵니다. 하나님의 통치는 강압적이지 않습니다. 백성들은 왕의 뜻에 자율적으로 따릅니다. 왕과 백성의 뜻은 하나가 됩니다.

3. 예수 그리스도의 나라

그가 우리를 흑암의 권세에서 건져내사 그의 사랑의 아들의 나라로 옮기셨으니 그 아들 안에서 우리가 속량 곧 죄사함을 얻었도다(골 1:13-14).

[도표 8] 예수 그리스도의 나라

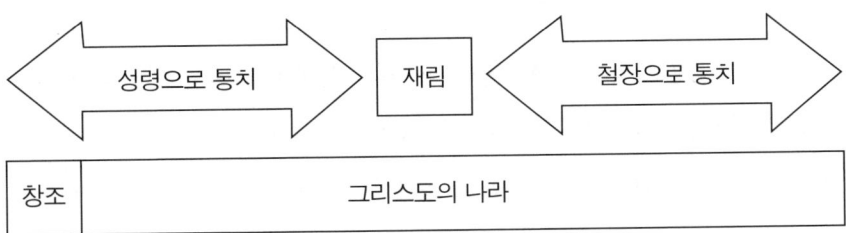

이미 임한 하나님의 나라는 성령께서 통치하시는 곳입니다. 이 나라는 예수 그리스도의 나라입니다. 하나님께서 모든 심판을 예수님께 맡기신 것처럼 이 나라도 예수님께 맡기셨습니다. 이 나라의 통치 방법은 두 가지 입니다. 이 통치의 방법은 예수님의 재림을 기점으로 바뀝니다.

1) 희년의 자유

예수님은 이 땅에 오셔서 하나님 나라의 백성을 모으셨습니다. 성부 하나님의 뜻입니다. 우린 예수님을 통해서 하나님 나라의 백성이 될 수 있습니다. 예수님은 가난한 자, 포로 된 자, 눈먼 자들에게 자유를 선포하셨습니다(눅 4:17-19).

구약의 절기 중에는 '희년'이 있습니다. 이스라엘 백성들은 7년마다 안식년을 지키는데, 이때는 모든 생업을 중단해야 합니다. 안식년은 하나님께서 6일간 창조하시고 7일째 쉬셨다는 것을 기억하는 날입니다.

7번의 안식년이 7번 지나고 50년이 되는 해는 희년의 해입니다(레 25:10-12). 이 희년은 이스라엘과 이스라엘을 섬기는 종들에게 자유를 선포합니다. 이스라엘 사람이 종을 데리고 있다면 그 종에게도 자유를 줘야 합니다.

우리는 원래 세상의 종이였습니다. 하지만 하나님께서 예수님의 피로 우리를 사셨습니다. 우리는 이제 하나님의 종입니다. 흑암의 권세, 사탄의 통치에서 예수 그리스도의 나라로 옮겨졌습니다. 예수님은 우리에게 희년의 자유를 선포하셨습니다.

2) 겸손의 왕

이스라엘은 자신들을 구원할 종교적 메시아를 바라기도 했지만, 현생의 질을 높여 줄 정치적이고 현실적인 메시아도 소망했습니다. 유대인들은 예수님이 오자 실망했습니다. 예수님의 모습이 자신들의 기대와 달랐기 때문입니다. 그들은 하나님 나라보다 이 세상의 안락함을 더 추구했습니다.

사람들은 오병이어의 기적을 보고, 예수님을 이 세상의 왕으로 삼으려고 했습니다. 예수님의 제자들조차 권력을 얻기 위해 다퉜습니다. 예수님은 제자들에게 "자신은 섬김을 받으러 온 것이 아니라 섬기려고 오셨다"(마10:45)라고 하셨습니다. 예수님은 자신의 목숨을 속죄물로 바치기 위해 오셨습니다(마 20:28).

나귀를 타고 예루살렘에 입성하신 예수님은 겸손의 왕입니다. 예수님을 세상의 왕으로 삼으려 했던 사람들은 십자가의 사건 전 모두 뿔뿔이 흩어졌습니다. 사람들은 십자가에 달리신 예수님을 조롱했습니다. 이들은 진정한 자유를 선포했던 왕을 몰랐습니다.

예수님은 십자가에서 돌아가셨지만 부활하셨습니다. 이 부활은 예수님이 온 우주의 왕이신 것을 증거합니다. 마지막 때 성부 하나님은 겸손의 왕 예수님을 높이실 것입니다.

3) 예수 그리스도의 나라, 아버지의 나라

〔표 4〕 그리스도 나라의 통치

이미의 나라	아직의 나라
통치 방법 : 성령으로 통치 대상 : 오직 성도 특징 : 사탄이 왕성하게 활동	통치 방법 : 철장으로 통치 대상 : 모든 피조물 특징 : 성도는 함께 왕 노릇

예수 그리스도의 나라는 이미 임한 하나님 나라와 아직 임하지 않은 하나님 나라로 구분할 수 있습니다. 주님의 재림 전이 '이미의 나라'고, 재림 후가 '온전한 하나님 나라'입니다. 이미 임한 하나님 나라의 통치는 선택적입니다. 하나님은 성령으로 성도들만 통치하십니다. 불신자들은 이 통치를 받지 않습니다. 이미 임한 하나님 나라에선 사탄이 왕성히 활동합니다. 십자가에서 패한 사탄은 성도들의 구원을 시기하며 성도가 구원을 받지 못하도록 안간힘을 씁니다(눅 8:12).

예수님이 이 세상에 다시 오시면 이 상황은 바뀝니다. 예수님은 심판의 왕으로 오십니다. 사탄은 모든 권세를 잃습니다. 불신자들을 포함한 모든 피조물은 재림의 예수님 앞에 무릎 꿇게 됩니다. 온 우주의 왕이신 예수님의 통치가 시작됩니다. 성경은 이 통치를 '철장으로 다스린다'라고 표현합니다.

> 그 후에는 마지막이니 그가 모든 통치와 모든 권세와 능력을 멸하시고 나라를 아버지 하나님께 바칠 때라 그가 모든 원수를 그 발 아래에 둘 때까지 반드시 왕 노릇 하시리니(고전 15:24-25).

예수님은 아버지 하나님께 온전한 하나님의 나라를 상속받습니다(히 1:2). 예수님은 철장으로 이 나라를 다스립니다. 예수님만 온전히 높임 받는 시기입니다. 이 기간을 종말론적으로 천년왕국이라 표현하기도 합니다. 예수님께서 통치하시는 기간이 끝나면 이 나라를 아버지 하나님께 드립니다. 예수 그리스도의 나라가 끝나고 아버지 하나님의 나라가 시작됩니다.

그리스도의 나라와 아버지의 나라는 본질적으로 같습니다. 이 앞으로 임할 하나님 나라의 이름이 다른 것에 대해 의문이 생길 수 있습니다. 성부 하나님께서 성자 예수님만 온전히 높이는 기간을 두셨다고 생각하면 됩니다.

〔도표 9〕 아버지와 아들의 나라

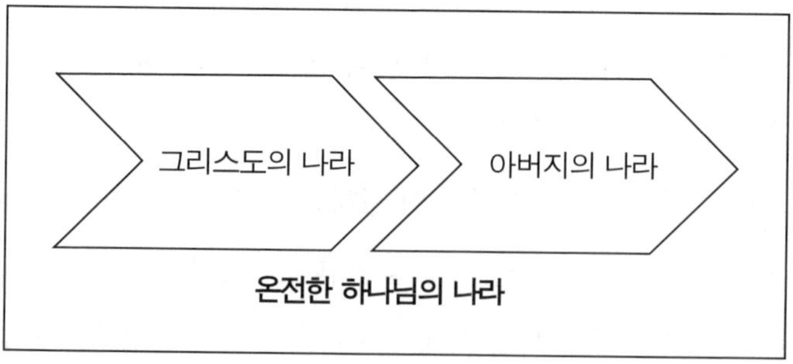

그리스도의 나라 → 아버지의 나라

온전한 하나님의 나라

4. 왕의 귀환

예수님은 부활 후 제자들 앞에 다시 나타나셨습니다. 그리고 40일 동안 하나님 나라의 복음을 전하시고 다시 하늘로 올라가셨습니다. 제자들은 예수께서 승천하시는 모습을 지켜봤습니다. 제자들은 이 모습이 놀라웠습니다. 승천의 곁을 지켰던 천사들은 재림의 모습도 이와 같을 것이라 했습니다.

복음을 미혹하는 사람들은 예수님이 이미 왔다고 합니다. 그것도 은밀하게 말입니다. 하지만 재림은 모든 사람이 보게 될 것입니다(계 1:7). 왜냐하면, 재림은 심판의 시작이기 때문입니다.

지금까지 우리는 하나님 나라의 관점으로 삼위 하나님을 생각해 봤습니다. 삼위 하나님은 하나님 나라를 이루시는데 언제나 함께하십니다. 재림 때도 함께 오십니다. 우리는 그 광경을 보게 될 것입니다. 재림의 상황을 살펴보겠습니다.

> 누구든지 나와 내 말을 부끄러워하면 인자도 자기와 아버지와 거룩한 천사들의 영광으로 올 때에 그 사람을 부끄러워 하리라(눅 9:26).

재림의 상황에서 주목해야 할 것이 있습니다. 바로 성부 하나님의 오심입니다. 성부 하나님께서 이 땅에 오신다는 것은 성부 하나님께서 계시는 장소가 함께 오는 것을 뜻합니다. 이 장소는 우리가 흔히 천국으로 알고 있는 '새 예루살렘성'입니다.

우리는 재림의 상황을 볼 수도 있지만, 소리를 듣고도 알 수 있습니다. 예수님이 오실 때 큰 나팔 소리가 울리기 때문입니다. 그 소리는 7번째 나팔 소리입니다. 이 나팔은 심판의 나팔입니다. 나팔 재앙은 모두 7개가 준비돼 있습니다. 7번째 나팔 소리가 울리면 여러 가지 상황들이 동시적으로 벌어집니다. 우선 성도의 부활입니다.

> 형제들아 내가 이것을 말하노니 혈과 육은 하나님 나라를 이어 받을 수 없고 또한 썩는 것은 썩지 아니하는 것을 유업으로 받지 못하느니라 보라 내가 너희에게 비밀을 말하노니 우리가 다 잠 잘 것이 아니요 마지막 나팔에 순식간에 홀연히 다 변화되리니 (고전 15:50-51).

> 일곱째 천사가 나팔을 불매 하늘에 큰 음성들이 나서 이르되 세상 나라가 우리 주와 그의 그리스도의 나라가 되어 그가 세세토록 왕 노릇 하시리로다 (계 11:15).

이미 임한 하나님 나라의 백성은 이미 새사람이 됐지만, 육신은 그대로입니다. 영만 새롭게 된 존재입니다. 우리의 육신으론 하나님 나라를 이어 받을 수 없습니다. 썩어질 것은 영원한 것을 받아들일 수 없기 때문입니다. 성도가 하나님 나라를 이어받기 위해서는 부활의 몸으로 변화해야 합니다.

고린도전서는 그때를 마지막 나팔 소리가 울릴 때라고 합니다. 이 마지막 나팔은 요한계시록에서 언급하는 7번째 나팔과 같습니다. 심판의 천사가 7번째 나팔을 불 때 성도는 부활합니다. 이 부활 전에 예수님의 재림이 선행됩니다. 이 두 사건은 거의 같은 시간에 일어납니다.

성도는 부활 후 하늘로 이끌려 올라갑니다. 왜 하늘로 올려질까요?

삼위 하나님께서 하늘에서 내려오시기 때문입니다. 성도는 삼위 하나님의 오심을 하늘에서 맞이합니다(살전 4:16-17).

이미 임한 하나님 나라의 성도는 현재의 삶에서도 하나님 나라를 누립니다. 동시에 주님의 재림도 소망합니다. 성도는 예수님만 기다리지 않습니다. 성부 하나님과 '새 예루살렘성'이 함께 오는 것을 기다립니다.

성도는 영구한 도성을 기다립니다(히 13:14). 이 영구한 도성은 요한계시록에 나오는 새 예루살렘성입니다. 혹자는 이 도성을 교회라고 생각합니다. 하나님의 백성이 거룩한 성전이지만 이 도성은 그것과 본질적으로 다릅니다. 이 도성은 하나님께서 머무시는 실질적인 장소입니다.

성도는 부활 후 새 예루살렘성에 들어갑니다. 그곳에서 하나님을 대면합니다. 이것은 하나님 나라의 백성과 왕이 만나는 시나리오입니다. 하나님과 그 백성들에게 최고의 기쁨을 선사합니다.

성경은 종종 성도를 신부로 표현합니다. 성도는 신랑 되신 예수님을 기다리는 신부입니다. 신부는 신랑을 기다리기 위해 자신을 단장합니다. 신부가 가장 아름다운 순간은 신랑을 만나는 순간입니다. 하나님 또한 우리의 만남을 애타게 기다리십니다. 이 기다림은 신부의 기다림과 같습니다.

하나님도 신부의 마음으로 성도들을 맞이하십니다. 새 예루살렘성은 가장 아름다운 신부의 모습으로 단장하고 있습니다(계 21:2). 마침내 성도는 하나님의 사랑을 실감하게 될 것입니다.

〔표 5〕 재림 때 펼쳐지는 일들

1. 성도의 부활(하늘로 올려짐) 2. 성 삼위 하나님의 오심 3. 새 예루살렘성이 함께 옴 4. 천사들도 함께 옴

5. 십자가의 의미

십자가는 기독교의 상징입니다. 예수님이 이루신 십자가의 희생은 큰 감동과 사랑의 메시지를 전합니다. 그 외에도 십자가 안에는 여러 가지 의미가 담겨 있습니다. 십자가는 하나님 나라를 세우는 중요한 역할을 합니다. 십자가에 담긴 다섯 가지 의미를 살펴보겠습니다.

1) 하나님의 아들

구약 성경에는 예수님의 이름이 나오지 않습니다. 하지만 구약 성도들은 복음을 듣고 예수님의 존재를 알았습니다. 구약 성도들은 예수님의 오심을 기대했습니다. 하나님은 이들의 간청에 자신의 아들 예수님을 보내셨습니다.

복음에 관심 없는 사람들은 예수님 누구인지 모릅니다. 유대인들조차 예수님을 자신의 세력을 위협하는 존재로 생각했습니다. 그들은 예수님을 십자가로 내몰았습니다. 예수님은 아버지의 뜻에 따라 십자가에 달리셨습니다. 십자가는 예수님이 맺으신 순종의 열매입니다.

예수님의 십자가 부활처럼 성도들도 부활합니다. 예수님이 승천하신 것처럼 성도들도 하늘로 들림을 받습니다. 예수님이 하나님의 아들이신 것처럼 성도들도 하나님의 자녀입니다. 예수님은 부활, 심판, 왕의 권세를 아버지께 받았습니다. 예수께서 다시 오실 때 온 세상은 그 광경을 지켜볼 것입니다. 십자가를 시작으로 이 일들이 일어납니다.

2) 십자가의 사랑

> 우리가 아직 연약할 때에 기약대로 그리스도께서 경건하지 않은 자를 위하여 죽으셨도다 의인을 위하여 죽는 자가 쉽지 않고 선인을 위하여 용감히 죽는 자가 혹 있거니와 우리가 아직 죄인 되었을 때에 그리스도께서 우리를 위하여 죽으심으로 하나님께서 우리에 대한 자기의 사랑을 확증하셨느니라(롬 5:6-8).

성부 하나님은 모든 인류를 사랑하십니다. 하나님은 자신의 사랑을 외면하는 사람들을 위해 독생자 예수님을 보내셨습니다. 그리고 그들을 위해 자기 아들을 희생하셨습니다. 사람들은 이 사실을 듣고 하나님의 사랑을 깨닫게 됩니다. 십자가는 하나님의 사랑입니다.

구약의 아브라함도 자기 아들을 하나님께 드렸습니다. 이 아들은 하나님께서 주신 약속의 자녀였습니다. 아브라함은 자신의 가장 소중한 것을 하나님께 드렸습니다. 누군가에게 가장 소중한 것을 주는 것은 어려운 일입니다. 하나님께서는 우리에게 가장 소중한 것을 주셨습니다. 하나님은 우리를 진정으로 사랑하십니다.

3) 구약의 언약을 굳건히 세우기 위해

> 내가 말하노니 그리스도께서 하나님의 진실하심을 위하여 할례의 추종자가 되셨으니 이는 조상들에게 주신 약속들을 견고하게 하시고 이방인들도 그 긍휼하심으로 말미암아 하나님께 영광을 돌리게 하려 하심이라 기록된 바 그러므로 내가 열방 중에서 주께 감사하고 주의 이름을 찬송하리로다 함과 같으니라(롬 15:8-9).

할례는 율법의 상징입니다. 예수님은 모든 율법을 지키셨습니다. 그렇기에 할례의 추종자이십니다. 구약의 율법은 성령의 법과 관련이 있습니다. 율법은 성령의 법으로 완성이 됩니다. 예수님은 단순히 율법의 행위를 지키신 것이 아닙니다. 성령으로 율법을 행하셨습니다. 성령 안에서 하나님께 순종하셨습니다.

구약의 율법은 성령의 법을 지킬 때 완성됩니다. 구약 성도들은 성령 안에서 성령의 법을 지켰습니다. 예수님은 구약 백성들이 지켰던 성령의 법을 지키셨습니다. 예수님은 구약의 언약이 신약 성도들도 구원한다는 것을 보여 주셨습니다. 예수님은 옛 언약을 견고히 세우셨습니다. 구약 성도들이 믿었던 복음은 틀리지 않았습니다. 옛 언약은 예수님을 거쳐 새 언약이 됐습니다.

예수님은 구약의 언약이 신약에서도 유효하도록 십자가에 달리셨습니다. 십자가로 구약과 신약의 담을 허무셨습니다(엡 2:16-18). 아브라함의 복이 십자가를 통해 신약으로 전해졌습니다(갈 3:13-15). 신약 성도들도 예수님을 믿고 하나님의 자녀가 됐습니다. 하나님께서 그리스도를 통해 구약 성도들을 구원하신 것처럼 신약 성도들도 구원하십니다.

4) 잃어버린 어린양을 찾아서

> 예수께서 이 열둘을 내보내시며 명하여 이르시되 이방인의 길로도 가지 말고 사마리아인의 고을에도 들어가지 말고 오히려 이스라엘 집의 잃어버린 양에게로 가라(마 10:5-6).

구약 성도들은 이미 복음을 받았습니다. 하지만 복음을 받아들이지 않은 사람들도 있었습니다. 그들은 하나님 나라의 가치를 몰랐습니다. 성령에 의해 통치되고 실현된 하나님 나라를 발견하지 못했습니다. 예수님은 이 사람들, 이스라엘의 잃어버린 양을 위해 오셨습니다.

예수님은 복음을 전하실 때 구약을 자주 인용하셨습니다. 구약의 예언이 모두 자신을 이야기하고 있다는 것을 밝히셨습니다. 율법을 행하는 것이 의롭게 되는 길이라고 생각하는 유대인들에게 성령의 법을 설명하셨습니다. 예수님은 그들에게 하나님 나라를 다시 설명해 주셨습니다. 하나님은 모든 이스라엘이 구원받기를 원하십니다(롬 10:1).

5) 대제사장

[표 6] 예수님의 모범

구약 성도의 모습	예수님의 모습
광야 40년 : 성령을 따르는 훈련	광야 40일 시험 : 성령을 따라 시험을 이김
만나와 메추라기 : 하나님과 동행	떡과 포도주 : 하나님과의 연합
아담과 하와의 선악과 불순종	예수님의 십자가 순종
예수님은 성령의 음성에 온전히 순종해야 하는 성도들의 모범이 되셨습니다.	

예수님은 성령의 세례를 받으신 후 하나님 나라의 사역을 시작하셨습니다. 예수님은 성령님과 함께 하나님 나라의 일을 시작하시고, 성령과 함께 그 끝을 맺으셨습니다. 예수님은 육신의 유혹을 뿌리치시고 아버지의 뜻에 순종하셨습니다. 십자가의 순종은 예수님이 맺으신 성령의 열매입니다.

구약 시대 제사는 죄를 씻어 주는 율법입니다. 하지만 이 제사도 인간의 죄를 씻어 주지 못합니다. 구약 성도는 반복되는 제사에도 불구하고 하나님께 나아갈 수 없었습니다. 인간은 모든 율법을 지키지 못하는 불완전한 존재입니다. 인간은 영원한 제사의 굴레에 갇혀 있었습니다.

예수님은 율법에 갇힌 우리를 속량하시기 위해 육체의 몸으로 오셨습니다. 예수님은 인간의 몸으로 모든 율법을 지키셨습니다. 성령의 충만함으로 성령의 법을 지키셨습니다. 율법의 요구는 율법을 다 지켜서 만족시킬 수 없습니다. 율법은 성령의 법으로 충족됩니다. 예수님은 모든 성도를 위해 율법의 요구를 만족시키셨습니다(갈 4:4-6; 롬 8:3-4).

　예수님은 성령의 음성을 온전히 지킨 성도들의 모범이십니다. 예수님은 모든 일을 마치신 후 십자가로 향하셨습니다. 자신을 희생의 제사로 드리셨습니다. 이제 반복되는 제사는 필요 없습니다. 성령으로 드린 영원한 제사는 우리에게 참 자유를 줍니다. 예수님은 우리의 대제사장이시며, 구원의 반석이십니다.

6. 성막, 양의 문, 새 예루살렘성

　이스라엘 민족은 지도자 모세와 함께 애굽을 탈출했습니다. 애굽을 떠난 지 3개월이 지나 시내 산에 도착했습니다. 모세는 시내 산에 올라가 하나님의 계명을 받았습니다. 그 속에는 성막을 증축하는 방법도 있습니다. 성막은 이스라엘 민족에게 특별했습니다. 하나님께서 임재하시는 곳이기 때문입니다.

1) 성막

　출애굽기 36-40장에서는 성막이 만들어지는 장면을 볼 수 있습니다. 성령의 영감을 받은 브살렐과 오홀리압이 하나님의 명령대로 성막을 짓습니다. 성막의 기본 구조는 아래와 같습니다.

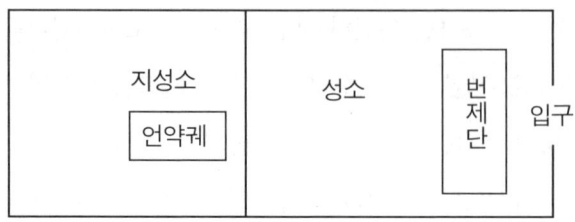

〔도표 10〕 성막의 구조

성막에는 번제단과 성소와 지성소가 있습니다. 성소는 오직 성막 동쪽 문을 지나서 들어갈 수 있습니다. 지성소는 성소를 거쳐야 들어갈 수 있는데, 두 공간은 휘장으로 구분됐습니다. 지성소는 대제사장이 1년에 한 번만 들어갈 수 있습니다. 이곳에는 언약궤가 있습니다. 언약궤 안에는 제사장 아론의 지팡이와 만나 항아리, 십계명이 쓰인 돌판이 있습니다. 언약궤는 하나님과 이스라엘이 맺은 언약의 상징입니다. 여기서 중요한 것은 성막에 들어가는 입구가 한 곳이라는 점입니다. 성막의 입구는 예수님을 예표 합니다. 예표란 미래의 것을 지시하는 상징적 도구입니다.

2) 양의 문

예수님을 상징하는 또 다른 구약의 예표가 있습니다. 이스라엘은 광야 생활 중 하나님의 명령을 여러 번 거역했는데, 그때마다 모세는 하나님과 이스라엘을 중재했습니다. 하나님께서 이스라엘에게 벌을 주신 적도 있습니다. 이스라엘 민족이 하나님을 원망하자 거주지에 불뱀을 풀기도 하셨습니다. 불뱀에 물린 이스라엘 민족들은 모세에게 자신들의 목숨을 간청했습니다.

모세는 하나님께 기도했습니다. 하나님은 모세에게 놋뱀을 만들어 장대에 들어올리라고 명령했습니다. 이 놋뱀을 본 자는 살게 되고, 보지 않은 자는 죽었습니다(민 21:9; 요 3:14). 이 놋뱀도 예수님을 예표합니다. 이 사건을 통해 이스라엘 백성들은 자신들이 그리스도를 통해 구원받을 수 있다는 것을 알게 됐습니다.

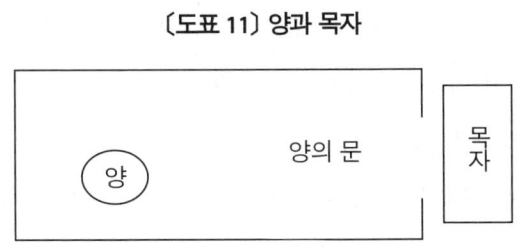

〔도표 11〕 양과 목자

예수님은 제자들에게 자신을 목자라고 하셨습니다. 목자는 양을 치는 사람입니다. 목자는 외부적 위험으로부터 양을 보호하기 위해 울타리를 칩니다. 이 울타리로 들어갈 수 있는 문은 오직 한 곳입니다. 목자는 이 문을 지키고 있습니다. 예수님은 양의 문입니다. 양은 성도들입니다. 우리는 예수님을 통해서만 하나님 나라에 들어갈 수 있습니다.

3) 지성소로 가는 길

성령이 이로써 보이신 것은 첫 장막이 서 있을 동안에는 성소에 들어가는 길이 아직 나타나지 아니한 것이라 이 장막은 현재까지의 비유니 이에 따라 드리는 예물과 제사는 섬기는 자를 그 양심상 온전하게 할 수 없나니 (히 9:8-9).

히브리서 9장에서 첫 장막에는 지성소로 나가는 길이 나타나지 않았다고 말해 줍니다. 지성소는 하나님을 대면하는 장소입니다. 대제사장은 1년에 한 번씩 지성소에 들어갈 수 있었는데 왜 히브리서 저자는 이런 표현을 썼을까요?

구약 사람이 무엇이 부족해 지성소에 들어갈 수 없었을까요?

사실 그들이 지성소에 들어가지 못했다기보다 성소에서 누군가를 기다렸다는 표현이 더 적절합니다.

성막은 제사를 행하는 장소였습니다. 제사에는 여러 가지 종류가 있는데, 자신이 지은 죄와 형편에 따라 방식과 제물이 달라집니다. 하지만 구약 성도들은 이 복잡한 제사와 성막의 예식으로도 하나님께 나아갈 수 없었습니다. 그들이 하나님과 연합할 방법은 오직 성령과 함께하는 것이었습니다.

이제는 전에 멀리 있던 너희(신약교회)가 그리스도 예수 안에서 그리스도의 피로 가까워졌느니라 그는 우리의 화평이신지라 둘로 하나를 만드사 원수 된 것 중간에 막힌 담을 자기 육체로 허시고 법조문으로 된 계명의 율법을 폐하셨으니 이는 둘로 자기 안에서 한 새 사람을 지어 화평하게 하시고 또 십자가로 이 둘을 한 몸으로 하나님과 화목하게 하려 하심이라 원수 된 것을 십자가로 소멸하시고 또 오셔서 먼 데 있는 너희(신약교회)에게 평안을 전하시고 가까운 데 있는 자(구약교회)들에게 평안을 전하셨으니 이는 그로 말미암아 우리 둘이(신 구약교회) 한 성령 안에서 아버지께 나아감을 얻게 하려 하심이라(엡 2:13-18).

13절의 멀리 있던 자들은 이방인이며, 가까운 데 있는 자들은 구약교회입니다. 이방인은 원래 복음과 언약에 대해선 외인이었습니다. 이방인은 그리스도의 피로 십자가의 언약에 참여할 수 있게 됐습니다. 이 16절의 '이 둘'은 구약과 신약교회를 뜻합니다. 십자가 안에서 교회가 하나가 됐습니다.

성막은 성소와 지성소로 나뉩니다. 성소와 지성소의 공간은 막혀 있습니다. 구약교회는 예수님을 통해 성막의 입구를 지나 성소에서 신약교회 백성들을 기다렸습니다. 예수님은 십자가로 성막과 지성소 사이의 담을 허무셨고, 신약교회는 구약교회 옆에 서게 됐습니다. 성령으로 두 교회는 지성소로 나아갈 수 있게 됩니다.

하나님은 자신의 자녀들에게 기업, 새 예루살렘성을 준비하십니다. 하나 된 교회가 받게 될 하나님 나라의 기업입니다.

요한계시록 21:10-23에는 새 예루살렘성이 등장합니다. 가로, 세로 너비가 각 만 이천 스다디온으로 정육면체의 성입니다. 동서남북에 각각 3개의 문이 있고 각 문에는 열두 지파의 이름이 쓰여 있습니다. 이스라엘 열두 지파의 이름은 모든 성도의 무리를 뜻합니다. 모든 성도는 이곳에 들어갈 수 있기 때문입니다. 이 성의 성곽에는 열두 기초석이 있는데, 12사도의 이름이 쓰여 있습니다.

이 거대한 새 예루살렘성은 하나님께서 계시는 장소입니다. 구약의 성막과 그리고 솔로몬이 건축한 예루살렘성전 그 어디에도 하나님은 계시지 않았습니다. 하나님은 새 예루살렘성 안 에 계십니다.

성막, 성전, 양의 문은 하늘의 모형입니다. 하늘의 원형인 새 예루살렘성을 예표합니다. 누구든지 새 예루살렘성 안에 들어가려면 예수님을 거쳐야 합니다. 구약 성도들은 성령님께 새 예루살렘성을 약속받았습니다. 예수님의 오심으로 하나님께서 구약 성도에게 약속하신 언약의 신실함이 입증됐습니다. 성령으로 하나 된 교회는 새 예루살렘성을 받게 될 것입니다.

제3장

하나님 나라의 통치

1. 왕의 요구

이스라엘아 들으라 우리 하나님 여호와는 오직 유일한 여호와이시니 너는 마음을 다하고 뜻을 다하고 힘을 다하여 네 하나님 여호와를 사랑하라 오늘 내가 네게 명하는 이 말씀을 너는 마음에 새기고(신 6:4-6).

하나님 나라의 왕은 하나님이십니다. 그 나라의 백성은 성도입니다. 일반적으로 국가가 백성에게 국법을 지킬 것을 요구하는 것처럼 하나님도 자신의 백성에게 요구하는 것이 있으십니다. 구약과 신약의 백성은 왕의 요구에 따라야 합니다. 다소 억압적으로 보일 수 있습니다. 하지만 그렇지 않습니다. 하나님께서 요구하시는 것은 우리들의 '사랑'이기 때문입니다.
구약의 모든 계명과 율법 그리고 제사에는 사랑의 원칙이 반영돼 있습니다. 하나님을 믿기 위해 많은 조건을 지켜야 하는 것 같지만 그렇지 않습니다(신 30: 9-11). 하나님을 사랑한다면 율법과 계명들을 지키는 것은 어려운 일이 아니기 때문입니다.

　애굽을 탈출한 이스라엘은 가나안 땅으로 가는 여정을 시작합니다. 이 이스라엘 민족은 칠흑 같은 종살이에서 벗어나 새로운 삶을 시작하고 싶었습니다. 이들에게 가나안 땅은 희망이었습니다. 애굽에서 가나안 땅을 직선거리로 가면 쉽고 빨리 갈 수 있지만, 하나님은 '뺑뺑이'를 돌리셨습니다. 하나님께서는 이스라엘이 광야를 거쳐 가나안 땅에 가게 하신 이유는 따로 있습니다. 하나님은 그들의 사랑을 확인할 시간이 필요하셨습니다.

　『5가지 사랑의 언어』(The five love languages, 2010)라는 베스트셀러가 있습니다. 연애 초기 남녀는 뜨거운 사랑에 빠져 연인의 모든 요구를 만족시켜 주려고 노력합니다. 하지만 시간이 지나 뜨거운 감정이 식으면 자신이 사랑을 느끼는 방법만 상대방에게 전하려고 합니다.

　사람들은 다양한 방법으로 사랑받는 느낌을 받습니다. 어떤 사람은 선물을 받으면, 또 어떤 사람은 가사노동을 해 주면 사랑을 느낍니다. 선물, 스킨십 등 사랑의 언어는 이처럼 다양합니다. 상대방을 사랑한다면 상대방이 좋아하는 것과 싫어하는 것을 알아야 합니다. 이것은 일종의 연구입니다. 이 연구는 평생 지속해야 합니다.

　하나님은 우리를 지독히 사랑하십니다. 자신의 독생자까지 이 땅에 보내셨습니다. 그리고 예수님은 우릴 위해 죽으셨습니다. 하나님은 자신의 사랑을 우리에게 보이셨습니다. 그리고 우리의 사랑을 확인하고 싶어 하십니다. 하나님은 어떻게 우리의 사랑을 확인하실까요?

　하나님은 우리가 하나님의 계명을 지킬 때 그 사랑을 확인하십니다.

한 때 "사랑은 돌아오는 거야"라는 말이 유행했습니다. 한번 떠나간 사랑은 되돌리기 쉽지 않지만 진정한 사랑은 다시 돌아옵니다. 하나님은 질투의 하나님이시며 우리의 사랑을 진정으로 원하십니다. 우리가 잠시 한눈팔더라도 언제든지 우리의 마음을 받아 주십니다.

하지만 정말 돌이킬 수 없는 사랑의 죄가 있습니다. 하나님께서 가장 싫어하시는 것, 바로 외도입니다. 부부 사이에서도 꼭 지켜야 하는 것은 서로의 정조입니다. 외도는 충분한 이혼 사유가 됩니다. 성경은 이 외도를 '행음' 또는 '음행'으로 표현합니다. 행음은 하나님 외에 다른 것을 사랑하는 것입니다. 우상 숭배입니다. 하나님은 결코 행음한 사람을 용서하지 않습니다. 이 용어는 구약과 신약을 통틀어 '육신의 행위'를 뜻하기도 합니다. 육신의 행위는 성령의 일과 반대됩니다. 육신의 소욕은 성령을 거스릅니다. 하나님은 성도가 육신이 아닌 성령을 따르길 바라십니다.

신약성경은 예수님과 우리의 관계를 신랑과 신부로 표현합니다. 바울은 성도를 정결한 처녀로 그리스도께 중매한다고 했습니다(고후 11:2). 우리는 아직 하나님을 만날 수 없지만, 정결한 신부의 모습으로 신랑 하나님을 기다려야 합니다. 하나님은 우리 믿음의 정조를 보시고 매우 기뻐하실 것입니다. 이 정결은 우리의 경건한 신앙생활입니다.

하나님께 우리의 사랑을 보여 주는 방법을 알아야 합니다.

첫째, 정조를 지켜야 합니다. 이 정조는 우리의 정결함을 유지하는 것입니다. 하나님 외에 다른 것을 사랑해서는 안 됩니다. 정조를 지키는 것은 행음하지 않는 것입니다. 행음은 우상 숭배입니다.

둘째, 하나님의 사랑을 받은 백성은 타인에게도 자신이 받은 사랑을 베풀어야 합니다. 이 사랑으로 인해 하나님의 자녀들이 늘어나며, 하나님 나라가 이뤄집니다.

셋째, 계명과 율법을 지켜야 합니다. 사실 이 3가지는 다 같은 말입니다. 계명과 율법을 지키는 것은 하나님을 사랑하고 그 사랑으로 타인을 사랑하는 것이기 때문입니다. 사랑은 율법의 완성입니다. 우리는 하나님께 온전한 사랑을 드려야 합니다.

〔표 7〕 하나님을 향한 사랑의 3가지 언어

1. 우리의 정결을 지키는 것
2. 타인에게 사랑을 베푸는 것
3. 계명과 율법을 지키는 것

2. 하나의 언약

여호와의 말씀이니라 보라 날이 이르리니 내가 이스라엘 집과 유다 집에서 새 언약을 맺으리라 이 언약은 내가 그들의 조상들의 손을 잡고 애굽 땅에서 인도하여 내던 날에 맺은 것과 같지 아니할 것은 내가 그들의 남편 되었어도 그들이 내 언약을 깨뜨렸음이라 여호와의 말씀이니라 그러나 그 날 후에 내가 이스라엘 집과 맺을 언약은 이러하니 곧 내가 나의 법을 그들의 속에 두며 그들의 마음에 기록하여 나는 그들의 하나님이 되고 그들은 내 백성이 될 것이라 여호와의 말씀이니라(렘 31:31-33).

성경은 구약과 신약으로 나눌 수 있습니다. 구약은 옛 언약의 시대, 신약은 새 언약의 시대입니다.

하나님께서 인류를 구원하시는 계획은 늘 이 언약에 근거했습니다.

이 옛 언약과 새 언약을 어떻게 생각하느냐에 따라 성경을 보는 눈이 크게 달라집니다. 대부분 옛 언약은 구약 시대에만 유효했다고 생각합니다. 더군다나 구약 시대에 살았던 사람들 전부가 이 언약을 저버렸다고 생각합니다. 그래서 하나님께서 새 언약을 맺었다고 생각하며, 신약이 구약을 대체했다고 여깁니다. 하지만 두 언약은 본질적으로 동일하며 같은 효력을 가지고 있습니다.

이것은 죄 사함을 얻게 하려고 많은 사람을 위하여 흘리는 바 나의 피 곧 언약의 피니라(마 26:28).

예수님은 십자가에 달리시기 전 제자들과 최후의 만찬을 나누셨습니다. 함께 떡을 떼시며 잔을 나누셨습니다. 그리고 새 언약을 맺으셨습니다. 예수님은 이 새 언약이 옛 언약과 같지 않다고 말씀하셨습니다. "신구약의 언약은 모두 동일하다"라는 제 말이 모순 같습니다. 하지만 이 두 언약의 내용을 살펴보면 의문이 풀립니다.

〔도표 12〕 신구약에 약속된 하나의 언약

구약의 언약

하나님의 계명, 성령의 법을 지키는 자는 하나님의 언약에 참여하게 되며 하나님의 백성이 됩니다.

[신 26:16-18] [신 29:12-15]

신약의 언약

예수께서 흘리신 피로 세워진 새 언약은 성령으로 성도의 죄를 씻어 주며 하나님 자녀 되게 합니다.

[마 26: 28] [고후 3:6] [히 10:16-17]

하나님께서 이스라엘 백성들에게 맺으신 언약의 내용은 "너희는 하나님 나라의 백성이 되겠고 나는 너희의 하나님이 되리라"(렘 30:22)입니다. 인간은 원래 세상의 종이었습니다. 하지만 하나님의 언약은 우리에게 자유를 줍니다(엡 2:1-8; 롬 11:27). 이 약속은 구약에서 시작됐습니다(행 13:32-33). 신약은 이 약속을 이어받습니다.

그런데 왜 새 언약은 옛 언약과 같지 않다고 말하는 걸까요?

구약의 언약은 항상 유효했지만, 그 언약을 믿지 않은 자들에게는 소용이 없었습니다. 하나님의 약속을 믿지 않는 사람에게는 옛 언약이든, 새 언약이든 유효하지 않습니다(히 3:7-19; 4:1, 2, 6; 시 95:10-11).

신약은 옛 언약과 새 언약을 비교합니다. 그리고 구약을 반면교사 삼으라고 합니다. 하지만 옛 언약과 새 언약은 다르지 않습니다. 이 비교는 두 언약이 다르다는 것을 말해 주는 것이 아니라 언약을 받아들이는 사람과 받아들이지 않는 사람이 존재한다는 사실을 알려 줍니다.

언약의 신실함은 그리스도의 오심으로 이 세상에 나타났습니다. 이 언약은 오직 하나입니다. 하지만 신약은 옛 언약은 더 이상 유효하지 않으므로 새 언약이 필요하다고 말해 줍니다. 마치 구약은 옛 언약에 속해 있고, 신약은 새 언약에 속해 있는 것 같은 생각이 듭니다. 하지만 성경은 언약을 구약과 신약으로 나누지 않습니다. 이 구분은 옛사람과 새사람이며, 성령과 함께 하느냐 그렇지 않으냐에 달려 있습니다.

> 이것은 비유니 이 여자들은 두 언약이라 하나는 시내 산으로부터 종을 낳은 자니 곧 하갈이라 이 하갈은 아라비아에 있는 시내 산으로서 지금 있는 예루살렘과 같은 곳이니 그가 그 자녀와 더불어 종 노릇하고 오직 위에 있는 예루살렘은 자유자니 곧 우리 어머니라(갈 4:24-26).

아브라함에게는 2명의 부인이 있었습니다. 사라와 그의 종 하갈입니다. 갈라디아서는 두 언약을 사라와 하갈에 비유합니다. 사라가 낳은 아들 이삭은 하나님께서 약속하신 자손이며 복의 통로가 됩니다. 반대로 하갈이 낳은 아들 이스마엘은 복의 통로가 될 수 없었습니다. 이스마엘은 약속의 자녀가 아니었기 때문입니다.

하나님께서 약속하신 언약의 자손은 이삭입니다. 아브라함이 하나님의 약속을 믿고 이삭의 잉태를 기다린 것은 성령을 따르는 행위였습니다. 하나님의 약속을 기다리지 못하고 육신의 욕심을 따라 낳은 자손인 이스마엘은 육신의 자손입니다. 이삭은 성령을 따라 낳은 자이고, 이스마엘은 육신을 따라 낳은 자입니다. 육신의 사람은 하나님의 언약에 참여할 수 없습니다. 하나님의 언약은 성령과 동행하는 사람에게만 유효합니다. 육신으로는 하나님 나라에 참여할 수 없습니다.

> 첫 언약이 무흠하였더라면 둘째 것을 요구할 일이 없었으려니와 그들의 잘못을 지적하여 말씀하시되 주께서 이르시되 볼지어다 날이 이르리니 내가 이스라엘 집과 유다 집과 더불어 새 언약을 맺으리라 또 주께서 이르시기를 이 언약은 내가 그들의 열조의 손을 잡고 애굽 땅에서 인도하여 내던날에 그들과 맺은 언약과 같지 아니하도다 그들은 내 언약 안에 머물러 있지 아니하므로 내가 그들을 돌보지 아니하였노라 (히 8:7-9).

성경에서 첫 언약은 흠이 있다고 합니다. 첫 언약이 흠이 있었던 이유는 이스라엘 백성들이 육신의 노예가 돼 언약에 머물기를 거절했기 때문입니다. 누구든지 육신을 따르면 하나님의 언약에 머물 수 없습니다. 새 언약은 성령의 사람에게만 유효합니다. 하나님의 언약은 하나이며 언약의 대상자가 어떤 행동을 취하느냐에 따라 옛 언약이 될 수도 있고 새 언약이 될 수 있습니다.

율법과 제사도 이와 같은 맥락으로 이해해야 합니다. 혹자는 구약의 이스라엘 백성들은 율법을 지킴으로써 구원을 받았다고 생각합니다. 옛 언약의 방식이 그렇다고 이해하기 때문입니다. 이스라엘이 온전이 율법을 지키지 못해 구원을 받지 못했고, 하나님이 그들을 위해 새 언약을 세우셨다고 생각합니다.

하지만 율법을 지키는 것은 그 당시에서도 구원을 받을 수 있는 수단이 되지 못했습니다. 율법은 땅의 것이며, 하늘의 것으로 인도하는 복음의 도구입니다. 성령으로 새사람이 된 성도에게는 율법은 성령의 법이 됩니다.

율법은 옛 언약 속에서 죄를 깨닫게 해 주며 성도를 그리스도에게 인도하는 초등교사입니다. 율법은 새 언약에서 그리스도의 법이 되며, 성도에게 성령의 열매를 맺게 해 줍니다.

〔표 8〕 언약과 하나님 나라

> 언약의 시작: 구약(아브라함의 복)
> 언약의 내용: 하나님 자녀 되는 것
> 언약의 전달자: 예수님
> 언약을 맺는 분: 하나님
> 언약의 유지: 성령님
> 언약의 성취: 하나님 나라를 상속받는 것

3. 성령의 법 vs 육신의 법

그러므로 이제 그리스도 예수 안에 있는 자에게는 결코 정죄함이 없나니 이는 그리스도 예수 안에 있는 생명의 성령의 법이 죄와 사망의 법에서 너를 해방하였음이라(롬 8:1-2).

하나님의 언약 백성은 하나님 나라의 통치 속에 있습니다. 성령의 법은 이 나라의 국법이 됩니다. 성령의 법은 모든 백성이 예외 없이 지켜야 합니다.

율법과 계명은 성령의 법에 포함됩니다. 성령의 법은 율법과 계명에 국한되지 않습니다. 성령의 법은 모든 율법과 계명을 지켜야 할 의무도 없습니다. 하나님을 사랑하는 마음으로 성령의 음성에 순종하면 성령의 법을 지키는 것입니다. 구약의 백성들도 이 성령의 법을 지켰습니다. 구약은 성령의 법을 지키는 것을 '마음의 할례'를 받았다고 표현합니다.

> 여호와께서 오직 네 조상들을 기뻐하시고 그들을 사랑하사 그들의 후손인 너희를 만민 중에서 택하셨음이 오늘과 같으니라 그러므로 너희는 마음에 할례를 행하고 다시는 목을 곧게 하지 말라(신 10:15-16).

할례는 유대인의 율법 의식입니다. 이스라엘 남자아이는 태어나 8일이 되면 할례를 행합니다. 할례는 이 아이가 하나님께 속해 있다는 본질적인 의미를 갖고 있습니다. 하지만 육신에 행하는 할례는 중요하지 않습니다. 할례는 마음에 행해야 합니다. 마음에 할례를 행한 사람이 하나님의 자녀입니다.

성령의 법을 지키기 전에 먼저 선행될 것이 있습니다. 하나님을 사랑해야 합니다. 하나님을 사랑하지 않고 지키는 성령의 법은 율법 그 이상도 그 이하도 아닙니다. 사실 하나님을 사랑하는 것조차 우린 스스로 할 수 없습니다. 하나님을 사랑하는 마음도 성령께서 주시기 때문입니다.

하나님은 구약 성도들에게 마음에 할례를 행하셨습니다. 하나님을 사랑하게 하시고 영원한 생명을 약속하셨습니다(신 30:6; 겔 36:26-28). 이 마음의 할례는 '성령의 내주'입니다.

> 오직 이면적 유대인이 유대인이며 할례는 마음에 할지니 영에 있고 율법 조문에 있지 아니한 것이라 그 칭찬이 사람에게서가 아니요 다만 하나님

에게서니라(롬 2:29).

신약은 마음의 할례를 '그리스도의 할례'로 표현합니다(골 2:11). 이처럼 신약에서 구약의 용어를 다시 사용하는 경우가 있습니다. 구약과 신약의 동일성 때문입니다. 같은 하나님, 같은 언약, 같은 백성들이 하나의 방법으로 구원받기 때문에 같은 개념을 사용합니다.

구약을 이해하기 어려운 이유는 우리의 관점으로만 구약을 보기 때문입니다. 같은 물건이나 같은 사람을 봐도 서로 다른 말로 부를 수 있습니다. 구약 성도들도 그 시대의 언어로 복음을 이해하고 표현했습니다. 마음의 할례와 같은 신약의 언어를 살펴보겠습니다.

너희가 짐을 서로 지라 그리하여 그리스도의 법을 성취하라(갈 6:2).

자유롭게 하는 온전한 율법을 들여다보고 있는 자는 듣고 잊어버리는 자가 아니요 실천하는 자니 이 사람은 그 행하는 일에 복을 받으리라(약 1:25).

〔표 9〕 성령의 법을 일컫는 다양한 표현

성령의 법 = 그리스도의 법 = 자유롭게 하는 온전한 율법 = 귀와 마음의 할례

마음에 할례를 받았다는 것은 성령의 법을 지키는 것과 같습니다. 이 성령의 법의 또 다른 이름은 '그리스도의 법'과 '자유롭게 하는 온전한 율법'입니다.

그리스도의 법은 말 그대로 그리스도의 나라의 백성들이 지키기는 법입니다. 자유롭게 하는 율법이란 말은 좀 이해하기 어렵습니다. "어떻게 율법이 자유로울 수 있을까?" 하는 의문이 듭니다.

서두에 말한 바와 같이 성령의 법은 율법과 계명의 내용을 포함합니다. 그리고 더 다양합니다. 성령의 법은 성도가 지켜야 할 최고의 법입니다. 성령의 법은 모든 율법과 계명으로부터 자유롭습니다. 하나님을 사랑하는 마음의 동기와 성령의 음성에 순종하는 행위입니다. 율법과 계명보다 더 고차원적입니다.

죄의 종인 우리에게 율법이 부가됐습니다. 우리는 죄에 대한 의무를 지니게 됩니다. 하지만 우리는 이 율법을 모두 지킬 수 없습니다. 하나님께서 우리의 연약함을 아시고 예수님을 보내셨습니다. 예수님은 성령으로 율법을 모두 지키셨습니다. 예수께서 성도들을 대신해 율법을 다 지키셨습니다. 그리고 십자가에서 희생 제물이 되셨습니다. 우린 예수님과 성령 안에서 자유를 얻었습니다. 우리는 이제 율법을 행할 의무는 없지만, 성령의 법을 지켜야 하는 자유롭고도 신성한 의무를 받게 됩니다.

하지만 이 자유는 "내 이웃을 사랑하라" 하신 최고 계명을 어길 순 없습니다(갈 5:14). 누군가 나의 행동과 말로 인해 믿음을 잃어서는 안 됩니다. 그 자유는 더 이상 자유가 아닙니다.

신약 시대 시장에서는 제사를 지낸 음식을 다시 팔기도 했습니다. 율법상 그 음식을 먹으면 안 되지만, 성경에 대한 지식이 없는 친구가 자신을 초대한 자리에서 그 음식을 대접할 수도 있습니다. 그 친구를 위해 음식을 먹을 수도 있습니다. 음식을 먹고 마는 것은 아무런 의미가 없기 때문입니다(고전 10:25-28). 율법을 지키는 것보다 내 이웃의 믿음을 지키는 게 우선입니다.

바울은 타인의 연약한 믿음을 위해 자신의 자유를 제한했습니다. 바울은 유대인들에게 유대인의 방식으로, 이방인들에게 이방인의 방식으로 복음을 전했습니다. 바울은 결코 자신의 지식과 지혜를 자랑하지 않았습니다. 바울은 성령의 충만함 가운데 "내게 능력 주시는 자 안에서 내가 모든 것을 할 수 있느니라"(빌 4:13)라는 고백을 했습니다. 이 구절은 성령의 법을 행하는 자에게 주어진 자유로운 의무를 설명한 것입니다.

자기 유익을 구하지 않고 타인의 유익을 위해 율법을 행하지 않는 것은 성령의 법을 행하는 것입니다. 행하지 않고 행하는 것이며, 자신의 자유를 제한하지만 자유로운 상태입니다. 성령의 법은 율법으로부터 자유롭습니다.

그렇다면 성령의 법은 무엇일까요?

성령의 법은 문자로 기록돼 있지 않기 때문에 이해하기 어렵습니다. 성령의 법은 하나님을 사랑하기 때문에 행할 수 있는 모든 수단과 행위입니다. 그리고 그 행위는 온전한 선을 나타냅니다. 하나님을 사랑하기 때문에 악행을 저지르는 것은 성립되지 않습니다. 이것은 성령의 법이 아니라, 육신의 법을 따른 모습입니다.

『신은 죽었다』를 쓴 철학자 니체는 '철인' 이론을 만들었습니다. 철인은 최고의 선을 행할 수 있는 인간의 상태입니다. 하지만 철인보다 더 위대한 사람이 있습니다. '성령의 사람'입니다. 철인은 인간의 이상향을 그린 것 뿐이지만, 성령의 사람은 이 땅에 존재하는 하나님 나라의 백성입니다.

〔표 10〕 성령의 법을 지키는 행위

성령의 인도하심을 따라 행하는 것 = 하나님 나라의 통치에 참여하는 행위

성령의 법은 언약 백성이 성령을 따라 지키는 법입니다(갈 5:16-18). 육신의 욕심을 따라서는 지킬 수 없습니다. 성경은 성령을 따라 행하라고 권면합니다. 성령의 사람은 가만히 있는 사람이 아닙니다. 성령의 사람은 행동하는 사람입니다. 성령의 사람은 늘 하나님의 음성에 귀를 기울입니다. 언제나 성령의 음성에 순종할 자세를 지녔습니다. 하나님을 사랑하기 때문입니다. 이 전적인 순종은 하나님을 사랑하지 않고는 불가능합니다. 사랑은 늘 행위를 동반합니다. 성경은 행함이 없는 믿음은 죽은 믿음이라고 합니다.

〔표 11〕 성령의 법을 지키지 않는 행위

마음과 귀에 할례를 행하지 않음
목이 곧음
죄와 사망의 법을 따름
육신의 욕심에 이끌림
성령을 거스르는 행위

성령의 법이 있다면, 성령을 거스르는 법이 있습니다. 바로 육신의 법입니다. 구약에서는 육신의 법을 따르는 사람을 '마음과 귀를 닫은 사람' 또는 '목을 곧게 한 사람'이라고 표현합니다. 이 사람들은 육신의 할례는 행했지만, 마음과 귀의 할례는 행하지 않았습니다(행 7:51; 렘 9:13, 26; 렘 17:23). 그들은 마음과 귀를 닫고 성령의 음성을 거부했기 때문입니다.

신약 시대에도 마음과 귀에 할례를 받지 못한 사람들이 있었습니다. 그들은 성령의 음성에 순종하지 않은 구약 사람들과 같습니다. 이들은 '죄와 사망의 법' 그리고 '육체의 욕심'을 따른 자들입니다(롬 8:7; 갈 5:16). 마음과 귀의 할례 그리고 목이 곧은 사람들을 율법과 계명, 하나님의 말씀에 순종하지 않은 자들입니다. 율법과 계명을 지키지 않았다는 것은 성령의 법을 따르지 않았다는 것을 뜻합니다. 성령께서 우리에게 율법과 계명을 지키라고 말씀하실 수도 있습니다. 이것도 성령의 법입니다. 성령의 법은 율법 그 이상의 것도 행할 수 있지만, 율법도 지킬 수 있어야 합니다.

만일 우리가 어려운 상황에 직면해 어떻게 행동해야 할지 판단이 잘 서지 않을 때에는 율법을 지키는 것도 한 방법이 될 수 있습니다. 율법은 하나님께서 이 세상에 주신 선의 기준이며 성령의 법을 지탱하는 버팀목이기 때문입니다.

4. 새 계명과 율법

 구약의 옛 언약과 신약의 새 언약은 똑같습니다. 두 언약이 요구하는 것도 같습니다. 언약은 하나님을 사랑할 것을 요구합니다. 하나님을 사랑하는 마음으로 하나님의 계명을 지키는 것은 성령의 법을 지키는 것이며, 언약 백성의 의무입니다. 성령의 법과 율법 그리고 예수님의 새 계명에는 어떤 관계가 있는지 알아보겠습니다.

1) 새 계명

 창세기에는 율법과 계명의 내용이 세세히 기록되지는 않았습니다. 하지만 하나님의 계명은 이미 사람과 사람들 사이에 전해졌습니다. 창세기 4장에는 아담의 자녀인 가인과 아벨이 하나님께 제사를 지내는 모습이 나옵니다. 인류에게 이미 하나님께 예배하는 방법이 있었습니다. 율법과 계명을 처음 받은 건 모세가 아닙니다. 계명은 아담과 하와에게 처음 주어졌습니다. '선악과를 먹지 않는 것'은 인류에게 주어진 첫 계명이었습니다.

 율법과 계명이 존재했다는 것은 구원이 존재했다는 말과 같습니다. 율법과 계명은 우리를 성령의 법으로 인도해 주기 때문입니다. 모세가 율법을 받기 전, 이스라엘 민족이 생기기 전부터 하나님 나라는 존재했습니다.

〔도표 13〕 율법과 계명 그리고 성령의 법의 관계

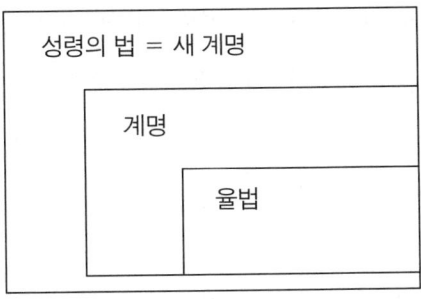

성령의 법은 모든 법을 포괄합니다. 그 속에는 계명과 율법이 담겨 있습니다. 계명은 하나님의 모든 말씀입니다. 율법은 모세가 받은 십계명을 포함한 이스라엘의 법입니다. 성령의 법은 이 법들과는 다르며 유연하게 적용됩니다. 율법과 계명을 포함하지만 그곳에는 적혀 있지 않은 다양한 행동 지침이 들어 있습니다.

> 예수께서 대답하시되 첫째는 이것이니 이스라엘아 들으라 주 곧 우리 하나님은 유일한 주시라 네 마음을 다하고 목숨을 다하고 뜻을 다하고 힘을 다하여 주 너의 하나님을 사랑하라 하신 것이요 둘째는 이것이니 네 이웃을 네 자신과 같이 사랑하라 하신 것이라 이보다 더 큰 계명이 없느니라 … 또 마음을 다하고 지혜를 다하고 힘을 다하여 하나님을 사랑하는 것과 또 이웃을 자기 자신과 같이 사랑하는 것이 전체로 드리는 모든 번제물과 기타 제물보다 나으니이다 예수께서 그가 지혜 있게 대답함을 보시고 이르시되 네가 하나님의 나라에서 멀지 않도다 하시니 그 후에 감히 묻는 자가 없더라(막 12:29-34).

예수님이 말씀하신 새 계명은 성령의 법입니다. 새 계명은 성령의 사람만이 실천할 수 있습니다. 성령의 사람은 하나님을 사랑하며, 하나님의 사랑을 내 이웃에게 전합니다. 하나님의 사랑 안에서 모든 율법을 행할 수 있습니다(갈 5:14; 롬 13:8-10). 자신의 자유도 제한할 수 있습니다. 이것은 온전하고 자유로운 율법입니다.

예수님은 하나님을 진정으로 사랑하셨습니다. 하나님을 위해 모든 율법을 지키셨습니다. 십자가를 지신 것도 성부 하나님을 진실로 사랑하셨기 때문입니다. 우리도 예수님과 같이 하나님을 사랑하는 마음으로 새 계명, 성령의 법을 지켜야 합니다(요 14:15).

> 무엇이든지 구하는 바를 그에게서 받나니 이는 우리가 그의 계명을 지키고 그 앞에서 기뻐하시는 것을 행함이라 그의 계명은 이것이니 곧 그 아들 예수 그리스도의 이름을 믿고 그가 우리에게 주신 계명대로 서로 사랑할 것이니라 그의 계명을 지키는 자는 주 안에 거하고 주는 그의 안에 거하시나니 우리에게 주신 성령으로 말미암아 그가 우리 안에 거하시는 줄을 우리가 아느니라(요일 3:22-24).

구약 성도들에게 율법과 계명은 무거운 짐이 아니었습니다. 그들은 하나님의 율법을 사모했습니다(시 1:2; 119:174). 율법에는 하나님의 사랑과 자신의 백성들을 향한 사랑과 구원이 담겨 있습니다. 구약 성도들은 즐거운 마음으로 하나님의 계명을 지켰습니다.

2) 율법의 기능

　율법은 구약에서 시작됐습니다. 그래서 구약 백성의 구원과 의로움을 율법과 관련 짓는 사람도 있습니다. 하지만 구약 사람들은 율법을 지켜서 구원받지 않았습니다. 성령을 통해 구원받았습니다. 성령님과 함께 율법을 지키지 않는다면 율법을 온전히 지킨 것이 아닙니다.

　신약에는 이스라엘 사람이면서 그리스도를 영접한 사람들이 있었습니다. 이들은 율법과 믿음에 대해 혼란스러웠습니다. 그들 중 어떤 무리는 예수님을 믿으면서도 율법도 계속 지켜야 한다고 생각했습니다. 성령 안에서 율법을 지키면 성령의 법이지만, 율법만 지킨다면 아무것도 아닙니다. 율법과 제사는 자신의 죄를 깨닫게 해 줄 뿐 죄를 온전히 씻어 주지는 못합니다(히 9:10).

　구약 이스라엘은 율법과 제사를 통해 하나님 앞에 나아갔습니다. 그들의 죄는 율법과 제사 앞에서 드러났습니다. 율법은 사람의 양심에 선을 비춰 줍니다. 제사는 자신을 대신해 죽는 제물을 보여 주며 우리가 모두 죄인임을 밝혀 줍니다. 구약 백성들이 자신의 죄를 발견했을 때 느끼는 감정은 무기력함이었습니다. 죄 앞에 무능한 자신을 발견하고 구원자 하나님을 바라봤습니다(롬 7:7-25). 이것은 율법의 순기능입니다.

　율법은 예수 그리스도를 바라보게 하는 초등교사입니다(갈 3:24). 우리가 죄를 자각하게 돕습니다. 율법은 변함없는 선의 기준이기 때문입니다. 율법은 모든 의로움이 예수님께 있다는 것을 알려 줍니다. 복음을 받아들인 후 초등교사의 역할은 끝이 납니다. 이제 율법은 새로운 역할을 갖습니다. 율법은 성도가 성령의 법을 행하도록 도와주는 조력자가 됩니다.

〔도표 14〕 율법의 기능 변화

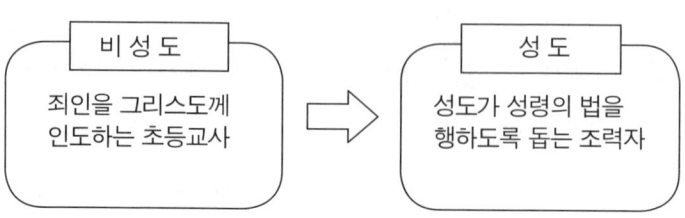

성도는 더이상 세상의 종이 아닙니다. 하나님을 위해 살아가는 하나님의 종입니다. 온전한 율법, 성령의 법이 성도의 행동을 엄격하게 제한할 수도 있습니다. 하지만 성도의 행동은 자발적이며 기쁨을 동반합니다. 하나님을 사랑하고 타인을 사랑하기에 스스로의 자유도 포기할 수도 있습니다. 성도는 성령 안에서 하나님 나라를 누립니다. 이것이 성도의 진정한 자유입니다.

5. 산상수훈은 지킬 수 없다?

예수님은 이스라엘 백성을 위해 이 땅에 오셨습니다. 이방인이 아니라 이스라엘이 먼저였습니다. 복음을 먼저 받은 언약 백성이기 때문입니다. 예수님은 유대인들에게 율법의 본질과 하나님 나라를 설명해 주셨습니다.

예수님은 산에 오르신 후 청중들에게 구약의 율법을 해석해 주셨습니다. 이것을 산상수훈이라고 합니다. 유대인들은 오랫동안 율법을 연구하고 지켜왔습니다. 하지만 예수님이 말씀하신 산상수훈은 자신들이 알고 있는 것과 달랐습니다. 산상수훈은 언약 백성들이 지켜야 하는 하나님의 계명입니다.

예수님은 산상수훈을 시작하시며 '복이 있는 자'에 대해서 말씀하셨습니다. 복이 있는 자는 누구이며 그들이 받는 복이 무엇인지 알아보겠습니다.

1) 산상수훈

> 예수께서 무리를 보시고 산에 올라가 앉으시니 제자들이 나아온지라 입을 열어 가르쳐 이르시되 심령이 가난한 자는 복이 있나니 천국이 그들의 것임이요 애통하는 자는 복이 있나니 그들이 위로를 받을 것임이요 온유한 자는 복이 있나니 그들이 땅을 기업으로 받을 것임이요 의에 주리고 목마른 자는 복이 있나니 그들이 배부를 것임이요 긍휼히 여기는 자는 복이 있나니 그들이 긍휼히 여김을 받을 것임이요 마음이 청결한 자는 복이 있나니 그들이 하나님을 볼 것임이요 화평하게 하는 자는 복이 있나니 그들이 하나님의 아들이라 일컬음을 받을 것임이요 의를 위하여 박해를 받은 자는 복이 있나니 천국이 그들의 것임이라(마 5:1-10).

여러 종류의 사람이 나오는 것 같습니다. 심령이 가난한 자, 애통한 자, 온유한 자, 의에 주리고 목마른 자, 긍휼히 여기는 자, 마음이 청결한 자, 화평하게 하는 자, 의를 위하여 박해를 받는 자, 이 모두가 복이 있는 자입니다. 복 받는 자가 되기 위한 여러 가지 방법을 나열해 둔 것 같습니다.

하지만 이 사람들은 여러 사람이 아닙니다. 다 같은 사람입니다. 이 사람은 성령의 법을 지키는 성도이며, 이미 임한 하나님 나라에 참여한 자입니다. 그리고 이 성도가 받을 복은 완성된 하나님의 나라입니다.

2) 복이 있는 자와 요한계시록의 성도

① 위로와 긍휼히 여김을 받음(마 5:4, 7)

이는 보좌 가운데에 계신 어린 양이 그들의 목자가 되사 생명수 샘으로 인도하시고 하나님께서 그들의 눈에서 모든 눈물을 씻어 주실 것임이라(계 7:17).

요한계시록은 완성된 하나님의 나라를 보여 줍니다. 요한계시록 7장은 성도가 하나님을 만나는 장면입니다. 하나님을 사랑하는 성도의 마음은 변하지 않았습니다. 성도는 세상의 여러 유혹과 박해를 이겨 냈습니다. 마침내 주님께서 오십니다. 성도는 하나님을 보자 참아 왔던 눈물을 흘립니다. 하나님은 성도의 눈물을 닦아주시며 위로해 주십니다.

② 배부를 것임이요(마 5:6)

그들이 다시는 주리지도 아니하며 목마르지도 아니하고 해나 아무 뜨거운 기운에 상하지 아니하리니(계 7:16).

성도는 재림 직전 적그리스도에게 큰 박해를 받습니다. 성도는 이 환난 속에서 믿음을 지킵니다. 적그리스도의 핍박으로 성도는 굶주리고 물도 먹지 못합니다. 주님께서 오시면 주리거나 목마르지 않습니다.

③ **하나님을 볼 것이요**(마 5:8)

> 다시 저주가 없으며 하나님과 그 어린 양의 보좌가 그 가운데에 있으리니 그의 종들이 그를 섬기며 그의 얼굴을 볼 터이요 그의 이름도 그의 이마에 있으리라(계 22:3-4).

예수께서 재림하실 때 성부 하나님도 함께 오십니다. 거울같이 희미했던 하나님 나라가 선명해집니다. 성도들은 하나님의 얼굴을 마주봅니다. 성도들은 하나님의 보좌 앞에서 하나님을 찬양합니다.

④ **아들이라 일컬음을 받음**(마 5:9)

> 이기는 자는 이것들을 상속으로 받으리라 나는 그의 하나님이 되고 그는 내 아들이 되리라(계 21:7).

성령님은 성도가 하나님의 자녀인 것을 증언하십니다. 성도는 그리스도 안에서 하나님의 자녀가 됐습니다. 하나님은 자신의 자녀들을 위해 이 땅에 오십니다. 그리고 자신의 자녀들에게 하나님 나라를 상속하십니다.

그 밖에 심령이 가난한 자와, 의를 위하여 박해를 받는 자는 모두 천국에 갑니다. 이생에서 받는 가난과 박해는 복음을 위한 희생입니다. 성도들은 천국을 보상으로 받습니다. '복이 있는 자'는 모든 성도입니다. 복이 있는 자와 요한계시록의 성도들이 받을 복은 온전한 하나님 나라입니다.

〔도표 15〕 복 받는 자와 종말의 성도

복 받는 자	요한계시록의 성도
현재 임한 하나님 나라 성령의 통치를 받음 완성된 하나님 나라를 보장 받음 성령의 법을 지킴	완전히 임한 하나님 나라 예수님의 철장 통치에 참여함 완성된 하나님 나라를 받음
하나님 나라의 백성	

이미 임한 하나님 나라는 우리에게 기쁨도 주지만 희생도 요구합니다. 사탄은 성도를 유혹하며, 육신의 사람은 성령을 따라 사는 사람들을 박해합니다. 하나님 나라를 위해 많은 것을 견뎌야 합니다.

마태복음 5장의 성도는 현재 임한 하나님 나라의 성도이며, 요한계시록에 등장하는 성도는 주님의 재림을 맞이한 성도입니다. '복 받는 자'들이 이미 임한 하나님 나라를 위해 많은 것을 희생하듯이, '요한계시록의 성도'도 큰 환난 속에서 고군분투합니다. 처한 시대와 환경이 다를 뿐 모두 하나님의 자녀입니다.

3) 하나님 나라와 윤리

예수님은 율법과 성령의 법을 온전히 이해하지 못한 청중들에게 하나님 나라의 원리를 설명하셨습니다. 이것이 산상수훈입니다. 예수님은 새로운 것을 말하지 않으셨습니다. 만일 예수님이 설명하신 율법이 구약과 다르다고 생각한다면 구약과 신약의 하나님 나라는 분리됩니다. 구약과 신약의 하나님 나라를 분리해서 생각하면 신구약 하나님 나라 모두 불완전해집니다.

구약의 하나님 나라는 불완전하지 않습니다. 오히려 구약을 불완전하게 생각하는 신약이 불완전합니다. 신약의 성도는 구약 성도와 같이 율법과 성령의 법을 지켜야 하는데, 구약과 분리된 신약의 하나님 나라는 성도들이 성령을 따라야 하는 의무를 십자가의 은혜로 희석시켰습니다. "십자가의 은혜로 구원받았으니 우린 할 것이 없다"라고 생각할 수도 있습니다. 그리스도께서 새우신 새 언약이 있으니, 구약의 율법은 필요 없다고 생각하게 됩니다.

우리가 길을 잃는다면 율법으로 돌아가야 합니다. 율법을 철저히 지키는 율법주의자가 되자는 소리는 아닙니다. 율법은 선하며 성령의 법의 기준이 됩니다. 성령 안에서 율법을 지켜야 합니다. 구약의 율법이 있기에 신약의 복음이 견고해졌습니다.

구약과 분리된 신약의 하나님 나라는 성도가 산상수훈의 교훈을 온전히 지킬 수 없다고 생각합니다. 산상수훈은 그저 성도의 윤리적 지향점이 됩니다. 이런 생각은 성도가 하나님의 형상을 회복한 존재라는 것을 망각하게 만듭니다. 성도는 충분히 산상수훈을 지킬 수 있으며 지켜야 합니다.

6. 철장 통치와 왕 노릇

하나님 나라의 백성은 성령의 법에 따라 자율적이며 희생적인 삶을 살아갑니다. 성령의 임재 속에 하나님의 형상을 회복하고 하나님 나라를 누립니다. 지금 이 시대는 성령의 통치가 임하고 있습니다. 이와 반대로, 성령을 따르지 않는 자들은 육신의 법을 따라 살아갑니다. 이들은 하나님의 통치, 성령의 법을 무시합니다. 하지만 온전한 하나님 나라가 임하면 주님의 철장 통치가 시작될 것입니다.

1) 철장 통치

내가 여호와의 명령을 전하노라 여호와께서 내게 이르시되 너는 내 아들이라 오늘 내가 너를 낳았도다 내게 구하라 내가 이방 나라를 네 유업으로 주리니 네 소유가 땅 끝까지 이르로다 네가 철장으로 그들을 깨뜨림이여 질그릇 같이 부수리라 하시도다(시 2:7-9).

그가 철장을 가지고 그들을 다스려 질그릇 깨뜨리는 것과 같이 하리라 나도 내 아버지께 받은 것이 그러하니라(계 2:27).

이스라엘 민족은 외세로부터 자신을 지켜 줄 메시아적 존재를 소망했습니다. 군림하는 메시아의 통치는 이스라엘의 희망이었습니다. 성경은 이 이스라엘의 간절함을 아이를 낳는 여자에 비유했습니다(계 12:5).

현세적이며 정치적인 지도자를 원했던 이스라엘의 기대는 예수님의 오심으로 무너졌습니다. 예수님의 모습은 자신들이 기대했던 것과 너무나 달랐습니다. 하지만 우리는 예수님의 또 다른 모습을 보게 될 것입니다.

예수님은 하나님께 심판의 권세를 받으셨습니다(요 5:22). '철장'이란 쇠로 만든 지팡이입니다. 성경에서는 막강한 권세와 권능을 상징합니다. 이 '철장 통치'는 완성된 하나님 나라에서 시작됩니다. 심판의 대상은 사탄과 그 세력에 가담한 자들입니다. 이미 임한 현재적 하나님의 나라는 이 세력을 억압하지 않습니다. 다만 제한할 뿐입니다.

하지만 주님께서 다시 오실 때 모두를 심판하십니다. 예수님은 이 세상의 왕으로 군림하실 것입니다. 모든 원수는 예수님 발 앞에 엎드릴 것입니다. 예수 그리스도의 나라가 실현됩니다.

2) 왕 노릇

또 내가 보좌들을 보니 거기에 앉은 자들이 있어 심판하는 권세를 받았더라 또 내가 보니 예수를 증언함과 하나님의 말씀 때문에 목 베임을 당한 자들의 영혼들과 또 짐승과 그의 우상에게 경배하지 아니하고 그들의 이마와 손에 그의 표를 받지 아니한 자들이 살아서 그리스도와 더불어 천 년 동안 왕 노릇 하니 그 나머지 죽은 자들은 그 천 년이 차기까지 살지 못하더라 이는 첫째 부활이라 이 첫째 부활에 참여하는 자들은 복이 있고 거룩하도다 둘째 사망이 그들을 다스리는 권세가 없고 도리어 그들이 하나님과 그리스도의 제사장이 되어 천 년 동안 그리스도와 더불어 왕 노릇 하리라(계 20:4-6).

〔도표 16〕 종말을 맞이하는 모습

성도들은 부활 후 하나님의 왕 노릇에 참여	악의 세력은 철장 통치의 대상

완성된 하나님 나라의 시작

   주님의 재림이 가까워질수록 악의 세력은 활발히 움직입니다. 그들은 성도를 박해하며, 세상의 왕처럼 살아갑니다. 하지만 성도는 이 박해 속에서 믿음을 지켜 냅니다. 믿음을 지켜 내는 것 자체가 성도에게 승리입니다. 예수님은 성도를 위해 재림하실 것입니다.

   4절에서 심판의 권세를 받은 자들은 모든 성도입니다. 현재 성도는 하나님 나라의 통치 아래에 있지만, 완성된 하나님 나라에서는 하나님의 통치에 함께 참여합니다. 그리스도와 함께 천 년 동안 왕 노릇 합니다. 믿음을 지켜낸 성도의 상급입니다.

   현재 임한 하나님 나라의 통치는 미약해 보입니다. 하지만 성도들은 이 통치 속에서 하나님과 인격적인 관계를 맺습니다. 하나님 나라의 통치는 성도와 하나님과의 관계를 더욱 친밀하게 만들어 줍니다.

하나님 나라에 관심이 없거나 세상을 더 사랑하는 사람들은 철장 통치를 마주하게 될 것입니다. 뒤늦은 후회를 해도, 때는 늦습니다. 우리는 세상의 왕이 되기보다 하나님 나라에서 왕 노릇 할 것을 소망해야 합니다.

7. 하나님 나라의 상급(현재)

아이들에게 천국이 어떤 곳인지 물어봅니다.

하늘을 날 수 있는 곳이요!
맛있는 게 많은 곳이요!
아프지 않은 곳이요!

아이들의 생각이 유치해 보일 수도 있지만, 평소에 생각하지 않은 것을 이야기하는 건 쉽지 않습니다.
하나님 나라와 상급은 사후에 받는 것이라고 생각하기 쉽습니다. 하지만 하나님 나라는 이미 왔습니다. 성도는 그 상급을 이미 누리고 있습니다.

1) 죄 사함

불법이 사함을 받고 죄가 가리어짐을 받는 사람들은 복이 있고 주께서 그 죄를 인정하지 아니하실 사람은 복이 있도다 함과 같으니라(롬 4:7-8).

하나님은 아담과 하와에게 "선악과를 먹지 말라"(창 2:17)라고 명령하셨습니다. 인류에게 주어진 최초의 계명입니다. 뱀의 계략에 빠진 하와는 남편과 선악과를 나눠 먹었습니다. 인류의 죄는 이 '원죄'에서 시작됩니다.

성령님은 이미 아담과 하와에게 내주하셨습니다. 아담과 하와는 성령의 지혜로 모든 피조물의 이름을 지었습니다. 그들은 이미 언약 속에 있었습니다. 뱀이 아담과 하와를 유혹할 때, 성령님은 그들을 말리셨습니다. 하지만 그들은 성령의 음성에 귀 기울이지 않고 선악과를 먹었습니다. 성령의 음성을 거부했습니다. 하나님의 계명을 어겼습니다. 육신의 법을 따랐습니다. 언약을 어겼습니다(호 6:6-7). 최초의 죄를 지었습니다.

죄는 인간과 하나님을 단절시킵니다. 하나님의 거룩함과 인간의 죄는 자석의 N극과 N극처럼 서로를 밀어냅니다. 하나님의 자녀가 되기 위해서는 먼저 우리의 거룩함이 회복돼야 합니다. 거룩함은 성령님을 통해 회복됩니다. 성령님은 성도의 영을 새롭게 하십니다. 성도는 새사람이 됩니다. 성령의 내주와 함께 거룩한 하나님의 성전이 됩니다. 성도는 원죄를 용서받고 하나님의 자녀가 됐습니다.

2) 하나님의 자녀 됨

> 영접하는 자 곧 그 이름을 믿는 자들에게는 하나님의 자녀가 되는 권세를 주셨으니(요 1:12).

하나님 나라의 두 번째 상급은 '하나님의 자녀 됨'입니다. 세상의 종이었던 성도는 하나님의 자녀가 될 권세를 받습니다. '하나님의 자녀'의 또 다른 이름은 '양자'입니다. 양자는 원래 친자식이 아닙니다. 신약교회는 예수님의 피로 입양된 양자입니다.

예수님은 자신을 하나님의 아들이라고 말씀하셨습니다. 유대인은 예수님이 미쳤다고 생각했습니다. 예수님은 성부 하나님께 보냄을 받았다고 하셨습니다. 성부 하나님께서 보내신 성령님은 예수님이 하나님의 아들이신 것을 변호합니다.

예수님께 임하신 성령님이 우리에게 오십니다. 성령님은 우리의 대변자이십니다. 우린 스스로 하나님의 자녀인 것을 입증할 수 없습니다. 성령님은 마지막 날 심판의 보좌 앞에 선 우리를 변호하실 것입니다.

3) 구원을 보증 받음

> 그 안에서 너희도 진리의 말씀 곧 너희의 구원의 복음을 듣고 그 안에서 또한 믿어 약속의 성령으로 인치심을 받았으니(엡 1:13).

어느 특정한 교회는 구원을 받은 시점을 매우 중요하게 생각합니다. 서로가 구원을 언제 받았는지 물어봅니다. 하지만 구원은 일시적으로 받는 것이 아닙니다. 성도의 구원은 아직 이뤄지지 않았기 때문입니다.

기독교 교리 중 칭의는 성도가 하나님께 의로움을 받았다고 설명합니다. 죄인이 의로움을 받는 법적인 선언입니다. 또한, 칭의는 영원한 것으로 여겨지고 있습니다. 불행히도 칭의는 성도 개인의 구원을 설명하는 단어로 국한됐습니다.

칭의는 언약과 성령님의 사역 안에서 생각해야 합니다. 성도가 성령님과 함께하면 거룩해집니다. 성령께서 거룩하시기 때문입니다. 성령님과 함께하면 언약 백성이 됩니다. 하나님께서 약속하신 언약의 방법입니다. 성도는 언약 속에 있을 때 의롭습니다. 복음은 언약 안에 있는 자가 구원을 얻는다고 알려 줍니다. 하지만 성도가 성령님과 함께 하기를 거부한다면 언약에서 제외됩니다. 구원의 보증이 사라집니다. 이 문제는 제5장 3절 성령님의 떠나가심에서 더 다뤄 보겠습니다.

바울은 구원과 성도의 관계를 다음과 같이 말했습니다.

> 내가 이미 얻었다 함도 아니요 온전히 이루었다 함도 아니라 오직 내가 그리스도 예수께 잡힌 바 된 그것을 잡으려고 달려가노라(빌 3:12).

하나님 나라는 '이미' 임했지만 '아직' 임하지 않은 것처럼, 성도의 구원도 아직 완성되지 않았습니다.

성도가 현재적 하나님 나라에서 누릴 수 있는 이 3가지 상급은 하나의 특징을 갖고 있습니다. 모두 성령님이 주십니다. 현재적 하나님 나라를 이해하는 데 중요한 것은 성령님의 활동입니다. 성령에 의해 하나님 나라의 통치가 이뤄지며, 하나님 나라의 상급도 주어집니다.

하지만 이 상급들이 전부가 아닙니다. 성령님은 성도가 앞으로 받을 상급도 보증해 주십니다. 성도는 성령과 함께 현재의 삶도 누리며 앞으로 받을 상급들도 기대해야 합니다.

8. 하나님 나라의 상급(미래)

예수님의 재림 후 성부 하나님은 성도들에게 상급을 주실 것입니다. 이 상급에는 차등이 없습니다. 모든 성도는 완성된 하나님 나라를 상속받습니다.

1) 하나님을 대면함

성도의 최고의 상급은 무엇일까요?

바로 하나님을 만나는 것입니다. 천국은 하나님이 계시는 곳입니다. 으리으리한 성곽 그리고 수많은 보석으로 꾸며진 성전이 있어도 그곳에 하나님이 계시지 않는다면 하나님 나라가 아닙니다.

  하나님은 현재 하나님의 도성에 계십니다. 그곳은 '새 예루살렘성'입니다. 성부 하나님은 성 안 성전의 보좌에 앉아 계십니다. 그 우편에는 예수님이 계십니다. 하나님 나라가 완성되면, 성도는 하나님의 보좌 앞에 서게 됩니다. 하나님은 성도들과 영원히 함께하실 것입니다(계 21:3).

  요즘 청소년은 아이돌에 열광합니다. 콘서트장 멀리서 아이돌을 바라보기만 해도 행복해합니다. 하지만 우린 하나님께 열광해야 합니다. 참 성도는 하나님의 존재와 영광으로 만족합니다. 우리는 하나님을 사랑하는 팬이 돼야 합니다.

2) 새 예루살렘성에 들어감

  성경에는 뜻이 같으면서 여러 가지 표현이 있는 개념이 있습니다. 특히 하나님 나라에 관련된 단어들이 그렇습니다. 이 내용만 잘 정리해도 성경이 쉬워집니다. 천국의 같은 뜻 다른 표현은 '새 예루살렘성, 낙원, 새 하늘과 새 땅'입니다.

> 그러나 너희가 이른 곳은 시온 산과 살아 계신 하나님의 도성인 하늘의 예루살렘과 천만 천사와(히 12:22).

> 또 내가 보매 거룩한 성 새 예루살렘이 하나님께로부터 하늘에서 내려오니 그 준비한 것이 신부가 남편을 위하여 단장한 것 같더라(계 21:2).

이스라엘에게 예루살렘성전은 하나님을 만나는 거룩한 장소였습니다. 예루살렘성을 두고 종교 전쟁도 일어났습니다. 하지만 이 땅의 성전은 하늘의 성전에 비하면 초라합니다. 새 예루살렘성은 하나님이 계시는 곳이며, 성도들이 하나님을 만날 장소입니다. 성도는 새 하늘과 새 땅을 기업으로 받을 것이며, 새 예루살렘성 안에서 하나님을 자유롭게 볼 것입니다.

3) 사망에서 벗어남

새 예루살렘성은 부활한 성도만 들어갈 수 있습니다. 성도는 질병과 아픔 그리고 고통에서 벗어납니다. 사망은 이 세상의 것이며, 사탄의 권세입니다. 사망은 더 이상 성도를 괴롭힐 수 없습니다. 성도는 예수님의 승리를 기쁨으로 나눕니다.

에덴동산에는 선악과가 있었습니다. 그 옆에는 생명 나무가 있었습니다. 하나님은 죄를 지은 아담과 하와가 생명 나무를 먹고 영생할 것을 걱정하셨습니다. 하나님은 불 칼로 생명 나무를 지키도록 하셨습니다(창 3:22-24). 이 생명 나무는 하나님의 보좌에서 흐르는 생명수 강을 따라 줄지어 자라고 있습니다. 매달 새로운 열매를 맺습니다(계 22:1-2). 이 생명 나무는 새 예루살렘성에서 성도들을 기다리고 있습니다. 성도는 마음껏 생명 나무의 열매를 맛보며 영생의 기쁨을 누릴 것입니다.

4) 왕 노릇 함

성도는 하나님의 권세를 누립니다. 이것은 왕 노릇입니다. 모든 피조물을 다스리시는 하나님의 영광을 공유합니다. 태초에 하나님께서 아담과 하와에게 복을 주시며 "생육하고 번성하며 땅을 다스리라"(창 1:22) 하셨던 언약이 마침내 이뤄집니다.

이 네 가지 상급들은 모두 '새 하늘과 새 땅'에 있는 '새 예루살렘성'에서 주어집니다. 새 예루살렘성에 들어가는 것 자체가 성도에게 큰 상급입니다.

복음은 우리가 현재 누릴 수 있는 것과 앞으로 누릴 것을 알려 줍니다. 우리가 지금 누릴 수 있는 것은 충분히 누리고, 앞으로 누릴 것도 선명하게 소망해야 합니다. 우리 밥그릇은 우리가 챙겨야 합니다. 그리고 내 이웃과 나눈다면 더 풍성한 식탁이 될 것입니다.

제4장

구약의 성령님

1. 실패한 구약?

하나님 나라는 구약에서 시작됐습니다. 구약 성도들은 성령의 법을 지키며 성령의 통치에 참여했습니다. 구약 성도는 하나님 나라를 누렸습니다. 그들의 소망은 새 하늘과 새 땅이었고, 새 예루살렘성 안에 들어가 하나님을 만나는 것이었습니다. 신약교회는 구약교회의 믿음을 이어받았습니다. 그런데 구약교회는 지금까지 과소평가되고 있습니다.

1) 신학의 발전

〔표 12〕 구약을 대하는 통념

> ① 하나님 나라를 세우기 위한 옛 언약이 적용되는 시대
> ② 구약은 하나님의 신정 통치가 이뤄졌다.
> ③ 구약 사람들은 율법과 제사 계명을 지켜 하나님 나라의 통치에 참여했다.
> ④ 구약의 성령은 구약의 하나님 나라를 이루기 위해 선택받은 특별한 사람들에게 임한다.
> ⑤ 그들에게 임한 성령은 하나님 나라를 세우는 데 적합하지 않는다면 언제든지 떠나갈 수 있다.
> ⑥ 구약의 성도들은 대부분 구원을 받지 못했거나, 구원을 받았더라도 일부만 구원을 받았다. 그 구원은 하나님이 선택하셨거나 율법을 지킴으로써 주어졌다.

이것은 구약을 대하는 일반적인 생각입니다. 왜 이런 생각이 생겨났는지 신학의 역사를 살펴보겠습니다.

기독교 교리는 이단의 등장과 함께 발전했습니다. 교회가 시작된 초대교회에는 영지주의라는 이단이 존재했습니다. 이 무리는 교회를 위협했습니다. 영지주의는 기독교와 비슷하지만 다릅니다. 그들은 신령한 '지식을 앎'으로 구원받는다고 생각했습니다.

초대교회는 영지주의에 맞서 교회의 전통과 성경의 교리를 확립합니다. 이단으로부터 교회를 지켜 냈습니다. 시간이 지나면서 성경의 정경, 삼위일체, 교회의 권위 등의 연구가 자리를 잡아 갔습니다.

하지만 중세로 접어들면서 교회는 부패하게 됐습니다. 가톨릭교회는 곧 종교개혁을 맞이하게 됩니다.

가톨릭교회의 부패로 몸살을 앓던 대중들은 새로운 것을 원했습니다. 종교개혁의 선구자 루터는 '오직 믿음으로'라는 구호와 함께 종교 개혁의 불씨를 지폈습니다. 발 빠른 종교개혁에 맞춰 새로운 신학이 시급하게 필요했습니다. 초대교회가 이단에 맞서 발전한 것처럼, 개신교의 신학도 가톨릭에 맞서 발전했습니다. 언약의 십자가 그리고 구원의 신학이 전면적으로 개편됐습니다.

새로운 교리는 파격적이었지만 놓친 부분도 생겼습니다. 그것은 지금껏 다루지 못했던 구약의 성령입니다. 이렇게 구약의 하나님 나라와 성령의 연구가 이뤄지지 않은 상태에서 은혜의 십자가와 칭의 교리가 세워졌습니다.

세월이 흘러 개신교에 자유주의신학이 등장합니다. 자유주의신학은 복음을 비판적으로 받아들입니다. 또한, 예수님의 신성을 부인하고 역사적 사료와 함께 예수님의 인성을 연구합니다.

그들은 예수님이 전파하신 하나님 나라를 윤리적 관점으로 이해했습니다.

이에 맞서 복음의 수호자들도 하나님 나라를 연구하기 시작했습니다. 신약의 하나님 나라를 연구하던 중, 구약에도 하나님의 나라가 존재했음을 알게 됩니다. 구약의 하나님의 나라를 이해하기 위해선 성령의 연구가 선행돼야 했습니다. 구약에는 '성령'이란 단어는 열왕기하 2장, 역대상 12장, 시편 51편, 이사야 63장에서 총 네 군데밖에 나오지 않습니다. '성령'이란 단어가 구약에 많이 없으니 '영'이라는 원어에 눈을 돌렸습니다. 히브리어로 '루아흐'는 영과 같은 뜻입니다.

하지만 신약의 하나님 나라가 이미 정립된 상태였기에 구약의 하나님 나라를 제대로 발견하지 못했습니다. '루아흐'란 언어에 초점을 맞춘 구약 성령의 연구는 성령님과 구약 성도들이 깊고 영적인 관계를 맺었다는 사실을 밝혀내지 못했습니다.

구약 성령의 부재와 함께 구약의 하나님 나라의 가치를 가리는 교리가 있습니다. 바로 '칭의'입니다. 칭의란 죄인 된 우리를 하나님께서 의인으로 칭하신다는 뜻입니다.

왜 칭의가 구약의 하나님 나라가 존재했으며, 성령께서 성도에게 내주하셨다는 것을 이해하지 못하게 만들까요?

천주교는 구원이 교회의 권위를 따르는 데 있다고 생각했습니다. 면죄부, 고행, 성인 숭배 등은 교회에 복종하는 행위입니다. 종교개혁은 복음의 본질을 무너뜨리는 천주교의 전통과 교리에 대항했습니다. 개혁은 옛 것을 모두 버립니다. 이 경향은 구약을 대하는 자세에도 영향을 끼쳤습니다. 개신교는 천주교와 구약을 같이 버렸습니다. 구약의 율법과 제사가 천주교의 부패한 전통과 비슷하게 보였기 때문입니다.

학자들은 칭의를 연구하기 위해 로마서를 쓴 바울을 연구하기 시작했습니다. 바울이 쓴 로마서가 칭의신학의 주된 양분이기 때문입니다. 이 연구를 '바울신학'이라고 합니다. 바울은 로마서에서 율법과 믿음을 대조합니다. 그리고 율법으로는 의인이 될 수 없다고 합니다. 학자들은 바울이 구약의 모든 것을 무용한 것으로 치부했다고 생각했습니다. 이어서 구약 시대에는 율법을 지킴으로 구원을 얻을 수 있었다고 생각합니다. 결국 "율법을 지켜 구원받은 구약 성도는 아무도 없다"라는 결론을 내리게 됩니다. 그래서 옛 언약은 실패한 언약이 됐습니다. 구약은 졸지에 실패자가 됐습니다.

1980년대 바울신학을 새롭게 보는 관점이 등장했습니다. 신학자 E. P. 샌더스를 시작으로 제임스 던이 이 연구를 더욱 발전시켰습니다. 바울의 새 관점을 한국에 소개한 김세윤 박사도 기존에 옛 관점을 고수했지만, 새 관점을 수용했습니다. 요즘 한국에서 인기를 얻고 있는 톰 라이트도 그 노선에 있습니다. 이들은 구약과 신약의 연속성과 율법을 재조명했습니다. 하지만 바울의 새 관점도 구약 성도에게 임하신 성령님과 하나님 나라를 발견하지 못했습니다.

안타깝게도 구약의 성령과 하나님 나라가 빠진 구속사는 예수님을 '신약교회만을 위한 분'으로 만들었습니다. 이렇게 해서 신약은 구약보다 우월한 존재가 됐습니다. 신약이 구약보다 우월하단 생각은 구약 성도를 실패한 사람으로 몰아갑니다. 극단적으로 구약의 실패는 신약을 위해 의도된 것이며, 구약은 신약으로 대체됐다는 생각에 이르게 됩니다. 바울의 옛 관점이든, 새 관점이든 해석하는 방법이 다를 뿐 논리의 근저에는 이런 대체신학이 자리하고 있습니다.

구약의 성령 없이 세워진 하나님 나라는 매우 위험합니다. 이 하나님 나라는 신약 성도들만 특별 대우합니다. 이 특별함은 우월감을 넘어섭니다. 성도들이 성령의 법을 지키지 않고서도 하나님 나라의 백성이 될 수 있다는 믿음을 심어 줍니다.

2) 구약 성령의 이름

복음을 설명하기 위해서는 다양한 개념들이 필요합니다. 그 개념들은 언약, 십자가, 구원, 성령, 하나님 나라 등이 있습니다. 구약과 신약은 이 개념을 공유하고 있습니다. 신구약은 같은 언약이며 같은 복음이기 때문입니다. 하지만 그 개념을 표현하는 방법은 다를 수도 있습니다.

이번 장에서는 구약 성도가 어떻게 성령님의 이름을 불렀는지 알아보겠습니다. 구약 성도들은 성령님을 다양한 이름으로 불렀는데, 자신과 성령님과의 관계에 따라 적절한 비유를 사용하기도 했습니다. 친한 친구들을 부를 때에 별명을 부르는 것처럼, 구약 성도들도 성령님께 애칭을 붙이기도 했습니다.

구약의 성령님은 인격적이십니다. 인격적이신 성령님은 성도와 개인적인 관계를 맺으셨습니다. 누군가 성령님에게 따뜻한 아버지의 느낌을 받았다면, 성령님을 아버지라고 부를 것입니다. 또 자신의 인생에 많은 도움을 주셨다고 느꼈다면 성령님을 보혜사라고 부를 것입니다.

구약의 하나님 나라를 이해하기 위해서는 구약 성도들을 이해해야 합니다. 우린 구약 성도가 하나님 나라를 어떻게 이해했고, 어떻게 표현했는지 알아야 합니다.

이제 다양한 성령님의 이름을 확인할 시간입니다. 구약의 하나님 나라를 이해하는 것은 우리가 지금 누리는 하나님 나라를 이해하는 시간이 될 것입니다.

2. 하나님의 사자

구약 성령의 여러 가지 이름 중 처음 만나게 될 것은 '하나님의 사자'입니다. '사자'는 '명을 받고 심부름을 하는 사람'이라는 사전적 의미가 있습니다. 하나님의 사자는 '여호와의 사자' 또는 '그의 사자'로 쓰이기도 합니다. 원어로 '말라크'인 '사자'는 주로 천사를 부를 때 사용됐으며, 제사장과 선지자를 일컫기도 했습니다. 또한, 하나님의 사자는 성령님의 이름으로 종종 사용됐습니다.

1) 하나님의 사람을 불러 명령을 전하실 때(창 16:11; 창 21:17; 창 22:11; 출 3:2; 삿 6:11-12)

구약 성도는 선지자를 부르시는 성령님의 모습을 '여호와의 사자'라고 표현했습니다. 성령님은 아브라함의 이름을 직접 부르셨고, 모세에게는 떨기나무의 불로 나타나셨습니다. 사사기에도 많은 선지자를 부르셨습니다. '여호와의 사자'는 하나님의 사람을 부르며 하나님의 명령을 전달하셨습니다.

2) 성령의 사람 요셉(창 48:16)

야곱은 자신의 험난한 인생을 하나님께서 예비하셨다는 것을 깨달습니다. 자신을 모든 환난에서 구원하신 '여호와의 사자'께서 자신의 자식들에게도 복 주시길 기도했습니다. 야곱은 자신의 길을 계획하시고 동행하신 성령님을 '여호와의 사자'로 불렀습니다.

3) 이스라엘이 광야에서 행군할 때(출 14:19)

이스라엘 민족은 애굽을 떠나 광야로 행진했습니다. 하나님은 그들과 함께하셨습니다. 낮에는 구름기둥, 저녁에는 불기둥으로 그들의 길을 밝히셨습니다. 그 길에는 언제나 성령께서 함께하셨습니다. 하나님의 사자, 성령님은 그들의 안위를 살피며 보호하셨습니다.

4) 성도의 앞날을 예비하심 (창 24:7, 40; 출 23:20-21)

아브라함에게 장자 이삭이 있었습니다. 아브라함은 아내 사라가 죽자 아들 이삭의 신부를 구하기로 작정했습니다. 아브라함은 자신의 종을 불러 말했습니다.

"하나님께서 그분의 사자를 너보다 앞서 보내실지라 너는 거기서 내 아들을 위하여 아내를 택할지니라."

아브라함의 종은 이삭의 아내를 찾기 위해 하란 땅으로 떠났습니다. 그곳은 이방인이 아닌 아브라함의 친척들이 사는 곳입니다. 마침내 하란 땅에 도착한 종은 우물가에서 한 여인을 발견했습니다. 종은 곧장 기도했습니다.

'이 여인은 자신에게 물을 주면 하나님이 예비한 사람이라 생각하겠습니다.'

그 여인은 그 종과 그 낙타에게 물을 줬습니다. 이 여인은 이삭의 아내가 될 리브가입니다.

아브라함의 종은 매우 기뻐하며 그 여인의 가족이 누구인지 물었습니다. 놀랍게도 그 여인은 아브라함의 친척이었습니다. 종은 여인과 함께 그 가족들을 만났습니다. 여인의 가족도 자신의 딸을 이삭에게 시집보내는 것을 매우 기뻐했습니다. 모든 일이 순탄하게 진행됐습니다. 아브라함의 종은 고백했습니다.

"하나님의 사자, 성령께서 나의 길을 예비하셨습니다."

5) 성령의 감동(삿 2:4)

사사기에는 하나님의 언약을 저버린 이스라엘을 훈계하시는 성령님의 모습이 나옵니다. 이스라엘은 감동해 눈물을 흘립니다. 하나님의 말씀에 눈물을 흘리는 건 성령께서 주시는 감동 때문입니다. 이 눈물은 슬픔의 눈물이 아닙니다. 성령님은 이들의 심령을 울리셨습니다.

6) 이방인들을 치실 때(출 33:2; 왕하 19:35; 사 37:36)

'여호와의 사자'는 이스라엘을 대적하는 이방인을 치셨습니다. 이방인이 따르는 이방 신과 풍속 때문입니다. 성령께서는 이스라엘이 이방인들과 전쟁을 치르기 전에 미리 행동하셨습니다. 이것은 이스라엘이 스스로 전쟁에서 이긴 것이 아님을 깨닫게 해 줍니다. 이스라엘은 모든 전쟁은 하나님께 속해 있다는 것을 고백했습니다.

7) 성령님의 지혜(삼하 14:17, 20; 19:27)

다윗의 자녀 중에는 암논과 다말이 있었습니다. 이 둘은 배다른 남매였습니다. 암논은 자신의 친누이 다말을 범했습니다. 다윗은 이 사실을 알고도 아무런 조처를 취하지 않았습니다. 다말의 친동생 압살롬은 복수에 눈이 멀어 암논을 죽였습니다. 다윗은 매우 슬퍼했습니다. 다윗과 압살롬과의 관계는 무너졌습니다.

신하 중 한 명이 다윗과 압살롬의 관계를 회복시키려고 했습니다. 그 신하는 드고아에 사는 슬기로운 여인을 데려와 다윗과 대화를 시켰습니다. 사무엘하 14장은 이 내용입니다. 이 대화 중 슬기로운 여인은 다윗의 지혜를 '여호와의 사자'라고 했습니다. 성령님의 크신 지혜를 빗대어 표현했습니다.

3. 여호와의 손 / 팔

> 내가 주의 영을 떠나 어디로 가며 주의 앞에서 어디로 피하리이까 내가 하늘에 올라갈지라도 거기 계시며 스올에 내 자리를 펼지라도 거기 계시나이다 내가 새벽 날개를 치며 바다 끝에 가서 거기 거주할지라도 거기서 주의 손이 나를 인도하시며 주의 오른손이 나를 붙드시리이다(시 139:7-10).

성령의 또 다른 이름 '하나님의 손'은 우리에게 가장 친숙한 단어입니다. 찬송가나 CCM에서도 많이 인용합니다. 주의 팔은 성도들을 안으시는 하나님의 따스함이 전해지는 말입니다. 구약 성도에게 이 단어는 매우 친숙했습니다.

여호와의 팔로 표현된 성령의 사역은 성도를 인도하심, 대적을 침, 창조 사역, 성도의 구원, 성도들의 훈계, 성도에게 내주하심 등으로 분류할 수 있습니다. 하나님의 손은 10가지의 다른 낱말로 파생됩니다. 편 팔, 강한 손, 권능의 손, 주의 오른손, 거룩한 팔, 주의 손, 여호와의 손, 주의 팔, 그의 손, 선한 손으로 불립니다. 표현은 다르지만 모두 같은 뜻을 가지고 있습니다.

신구약에서 성령님의 주된 사역은 구원 사역입니다. 구원은 '속량'의 또 다른 표현입니다. 구약은 구원보다는 속량이라는 표현을 더 자주 썼습니다. 속량의 사전적 의미는 '몸값을 받고 죄인을 풀어줘 자유인이 되게 함'입니다. 애굽의 노예에서 해방된 이스라엘에게 속량은 구원보다 더 와 닿는 표현입니다.

1) 출애굽과 속량

하나님은 이스라엘 백성을 애굽에서 해방하셨습니다. 이것을 위해 지도자 모세를 세우셨습니다. 모세를 통해 보이신 하나님의 10가지 재앙은 애굽의 왕을 두렵게 했습니다. 이 재앙을 통해 애굽 사람들은 하나님이 어떤 분이신지 알게 됐습니다.

10가지 재앙이 끝나자 애굽의 왕은 이스라엘 민족을 놓아줬습니다. 사실 이스라엘 민족을 해방한 것은 재앙의 두려움이 아니라 성령님이셨습니다. 성령께서 완고한 애굽 왕 바로의 마음을 바꾸셨기 때문입니다. 이 역사적인 사건은 '하나님의 손' 성령께서 행하셨습니다.

전능하신 하나님의 손이 이스라엘 백성들을 구원했습니다. 이스라엘은 이것을 목격했습니다. 출애굽 사건을 통해 이스라엘은 성령께서 자신을 구원하신다는 것을 알게 됐습니다. 그렇기에 구약은 구원을 이야기할 때면 출애굽 이야기와 함께 하나님의 손을 인용합니다.

출애굽 사건은 이스라엘의 광야 생활과 연결됩니다. 이스라엘 민족은 광야 생활을 통해 자신을 구원하신 하나님이 누구신지 알게 됩니다. 광야는 하나님과 이스라엘이 동행하는 장소입니다. 구약교회는 성령과 함께 자신의 정체성을 찾아갑니다. 성령님은 이제 막 걸음마를 떼기 시작한 이스라엘이 넘어지지 않게 잡아 주시는 하나님의 손입니다.

2) 심판과 재앙

하나님의 손은 하나님의 심판과 재앙을 표현할 때도 사용됩니다. 이스라엘 민족을 괴롭히는 이방 세력들은 자신들에게 임한 하나님의 재앙을 보고 '그의 손'이 행한 것이라고 표현했습니다. 때로는 구약 백성들도 하나님께 벌을 받았습니다. 구약 백성들은 그 벌을 하나님의 손이 행했다고 표현했습니다.

사람들은 주로 손으로 일을 합니다. 손으로 도구를 사용하고, 새로운 것을 만들기도 합니다. 손으로 누군가를 도와준다면 도움의 손길이 됩니다. 주차장 요원들이 손길로 주차 장소를 알려 주는 것처럼 손은 안내해 주기도 하며, 연설하는 사람은 손을 사용해 자신의 주장을 멋지게 표현합니다. 손으로 경례를 하면 존경의 표현이 되며, 누군가의 머리를 쓰다듬거나 안아주면 사랑의 표현이 됩니다.

반대로 손으로 누군가를 해칠 수도 있습니다. 구약 사람들에게 '하나님의 손'은 부정적인 것보다 긍정적인 이미지로 쓰였습니다. 하나님의 손은 구약 사람들과 하나님과의 친밀한 관계를 잘 표현하는 성령님의 이름입니다.

4. 독수리의 날개

　지금 우리는 구약 성도들이 사용했던 성령님의 이름을 알아보고 있습니다. 구약 성도는 성령님과 친밀한 관계를 맺었습니다. 성령님은 수많은 성도와 일 대 일로 관계를 맺으셨습니다. 성령님은 다양한 관계의 수만큼 다양한 이름을 갖고 계십니다. 구약에 등장하시는 성령님의 이름을 다 알게 된다면 구약의 하나님 나라가 보일 것입니다.

　성령의 또 다른 이름 '날개'는 구약 성도들에게 어떤 의미였을까요?

　우리는 날개를 생각할 때 커다란 비행기와 독수리의 비상을 떠올립니다. 새들은 비가 오거나 강한 바람이 불면 자신의 날개로 새끼들을 보호합니다. 구약 성도들은 날개를 보며 하나님의 따스함을 떠올렸습니다. 어미 새의 따스함은 성령님의 이미지였습니다.

〔표 13〕 여호와의 날개와 그늘

> [출 19:4] [룻 2:12] [시 57:1; 61:4; 91:4]
> – 하나님의 성령님은 우리를 보호하시며 양육하십니다.

　성령의 또 다른 이름 '날개'는 '그늘'과 함께 쓰입니다. 커다란 날개는 강한 햇볕을 보호해 주는 그늘을 만듭니다. 이곳은 하나님께 보호받는 성도들의 안식처입니다.

'독수리의 날개'는 요한계시록에도 등장합니다. 요한계시록 12장에는 여자와 용이 나옵니다. 여기서 여자는 교회입니다. 여자는 한 명이 등장하지만 실제로는 2명입니다. 이 여자는 구약교회와 신약교회입니다. 예수님이 오시기 전의 여자는 구약교회, 오신 후 여자는 신약교회입니다.

> 하늘에 큰 이적이 보이니 해를 옷 입은 한 여자(구약교회)가 있는데 그 발 아래에는 달이 있고 그 머리에는 열두 별의 관을 썼더라. 이 여자가(구약교회) 아이(예수님)를 배어 해산하게 되매 아파서 애를 쓰며 부르짖더라 하늘에 또 다른 이적이 보이니 보라 한 큰 붉은 용이(마귀) 있어 머리가 일곱이요 뿔이 열이라 그 여러 머리에 일곱 왕관이 있는데 그 꼬리가 하늘의 별 삼분의 일을 끌어다가 땅에 던지더라 용이 해산하려는 여자 앞에서 그가 해산하면 그 아이를 삼키고자 하더니 여자가 아들을 낳으니 이는 장차 철장으로 만국을 다스릴 남자라 그 아이를 하나님 앞과 그 보좌 앞으로 올려가더라. (예수님이 십자가에 달리신 후 승천을 묘사) 그 여자가(신약교회) 광야로 도망하매 거기서 천이백육십 일 동안 그를 양육하기 위하여 하나님께서 예비하신 곳이 있더라(계 12:1-6).

2절의 여자는 해산이 임박했습니다. 여자는 마침내 아이를 낳습니다. 이 아이는 예수님입니다.

5절에서 여자의 아들은 장차 만국을 철장으로 다스리실 예수님입니다. 예수 그리스도를 낳은 여자는 구약교회입니다. 여자가 해산하는 모습은 메시아의 오심을 소망하는 구약교회의 간절함을 표현했습니다. 구약교회의 소망으로 예수님이 오셨습니다.

예수 그리스도의 십자가 승리로 사탄은 패배했습니다. 요한계시록 12장에서 사탄은 하늘의 별 1/3을 땅에 던졌습니다. 별의 1/3은 천사의 1/3입니다. 천사들을 미혹해 하나님을 대적했던 사탄은 땅으로 쫓겨났습니다. 패배에 굴복하지 않은 사탄의 표적은 성도가 됩니다.

사탄은 성도의 구원을 시기합니다. 신약교회의 남은 자를 박해하려고 합니다. 6절의 여자, 신약교회는 사탄을 피해 광야로 도망갑니다. 신약교회는 이 광야에서 양육받습니다. 이 영적인 광야는 하나님께 훈련받는 장소입니다. 성령의 음성에 순종하는 훈련입니다. 성령을 따르는 사람은 사탄의 미혹에 넘어가지 않습니다. 하나님께서는 성도들에게 성령과 동행하는 법을 가르치십니다.

> 용이 자기가 땅으로 내쫓긴 것을 보고 남자를 낳은 여자를 박해하는지라 그 여자가 큰 독수리의 두 날개를 받아 광야 자기 곳으로 날아가 거기서 그 뱀의 낯을 피하여 한 때와 두 때와 반 때를 양육받으매(계 12:13-14).

14절의 '독수리의 날개'는 성도를 양육하시는 성령님입니다. 이 '날개'는 성도를 보호하시는 하나님의 공의입니다. 구약 성도들에게 '독수리의 날개'는 하나님의 보호하심과 다스림을 떠오르게 합니다. 이런 표현은 구약 성도들이 하나님을 얼마나 신뢰하고 의지했는지 우리에게 알려 줍니다.

5. 여호와의 음성

〔표 14〕 성령의 음성을 일컫는 말

여호와의 목소리 = 여호와의 음성 = 성령의 음성
[시 95:7, 8] [수 5:6] [수 24:24] [삼상 15:20] [렘 26:13]

우리는 하나님의 목소리를 실제로 들을 수 없습니다. 대신, 하나님께서 우리의 마음에 감동을 주시면 성령의 음성을 들었다고 말하기도 합니다.

'여호와의 음성'과 '여호와의 목소리'는 성령의 음성과 같은 말입니다. 구약 시대에는 실제로 하나님의 음성을 듣는 예도 있었지만, 여호와의 음성, 여호와의 목소리는 구약 성도의 마음에 감동을 주시는 성령 하나님이셨습니다.

여호와의 목소리 뒤에 따라붙는 말은 '청종하라'입니다. 청종이란, 경청과 의미가 조금 다릅니다. 청종은 누군가의 명령에 잘 따르는 모습입니다. 청종은 선택 사항이 아닙니다. 100% 명령에 순종해야 합니다. 청종은 성도들이 하나님의 명령에 순종할 것을 요구합니다. 여호와의 목소리는 성령의 음성이며, 여호와의 목소리에 청종하는 것은 성령의 법을 지키는 것입니다.

하나님은 이스라엘에게 율법과 계명을 주셨습니다. 개개인에게는 성령님을 보내셔서 성령의 법을 따르도록 격려하셨습니다. 하나님은 자신의 백성들이 성령의 음성에 청종하길 바라십니다.

〔표 15〕 청종의 의미

청종하라 = 성령의 법을 따르라
성령의 음성에 청종하지 않는 자들에게 경고를 주실 때 쓰임 [출 23:21] [수 5:6] [렘 3:13, 25] [렘 42:6, 21] [렘 44:23]

 '여호와의 목소리'가 나오는 구절에서 하나님의 명령에 순종하지 않는 구약 백성들의 모습들도 함께 등장합니다. 여호와의 목소리를 듣지 않고, 순종하지 않는 사람들은 '목이 곧은 백성'입니다.

 성도는 성령의 음성에 순종할 수도 있지만, 듣지 않을 수도 있습니다. 목이 곧은 사람은 성령의 음성을 무시하고 육체의 욕심을 따릅니다. 자신의 귀를 막고 자신이 듣고 싶은 것만 듣습니다. 새사람이 된 것을 망각한 체 옛사람으로 회귀합니다. 이 목이 곧은 백성은 불신자가 아닙니다. 하나님의 백성입니다. 불신자는 성령의 음성을 들을 수 없습니다.

〔도표 17〕 목이 곧은 백성을 향한 경고

목이 곧은 백성 = 성령의 음성을 듣지 않는 사람
[출 33:3] [출 34:9] [시 81:11, 12] [렘 17:23] [렘 19:15]

마음과 귀에 할례를 행하기를 촉구 [신 10:16] [신 30:6] [행 7:51]

하나님은 '목이 곧은 사람'에게 마음에 할례를 행하라고 하십니다. 마음의 할례는 성령께서 행하십니다. 성령님은 하나님에게 인색한 사람의 마음을 열어 주십니다.

아무리 보는 눈과 듣는 귀가 있더라도 성령께서 마음을 열어 주시지 않는다면 복음은 무가치해 보입니다. 성도 또한 성령의 음성을 듣기 위해 노력해야 합니다. 이미 복음에 참여한 사람이라도 성령의 음성에 세심한 주의를 기울이지 않으면 세상의 소리에 끌리게 됩니다(사 6:9).

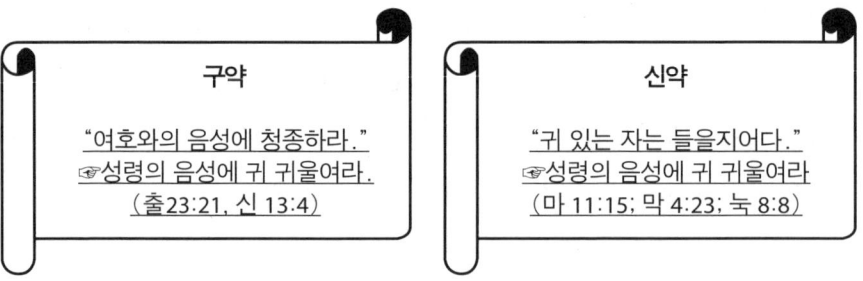

〔도표 18〕 청종을 요구하는 신구약의 메시지

"여호와의 목소리를 청종하라"라는 성령의 음성에 순종하라는 구약의 메시지입니다. 신약의 요한계시록은 "귀 있는 자는 성령이 모든 교회에 하시는 말씀을 들을지어다"라는 메시지를 선포합니다. 요한계시록의 수신처는 당시 소아시아의 일곱 교회입니다. 이 일곱 교회는 모든 교회, 신구약의 교회를 뜻합니다.

하나님 나라의 메시지는 성도가 성령의 음성에 따를 것을 요구합니다. 성령의 음성에 순종해야 하나님 나라의 언약에 참여할 수 있습니다. 신구약의 하나님 나라는 우리에게 늘 같은 것을 요구하고 있습니다.

"성령의 음성에 청종하라."

6. 하나님의 영

〔표 16〕 하나님의 영을 일컫는 말

[여호와의 영] [하나님의 영] [성령] [정직한 영] [주의 영] [나의 영]

구약 성경에는 '성령'이라는 단어를 찾기가 어렵습니다. 대신 '여호와의 영, 하나님의 영, 정직한 영, 주의 영, 나의 영' 등이 자주 등장합니다. '영'으로 파생된 성령님의 이름은 주로 성도에게 내주하신 성령님의 모습을 표현하고 있습니다. 성령님께서 특정한 인물이나 이스라엘 전체에게 임하신 모습과 개개인의 고백을 통해 드러난 성령님의 이름을 알아보겠습니다.

1) 특정한 인물

구약성경은 인물 중심으로 이야기가 전개됩니다 믿음의 조상 아브라함으로 시작해 요셉, 사울, 다윗, 솔로몬, 삼손 등은 성령님과 함께 구약을 이끌어 갑니다. '여호와의 영'은 이들과 함께 하나님의 일을 수행하셨습니다.

성경의 중심 인물들은 꿈과 환상을 본 후 청중들에게 하나님의 메시지를 전했습니다. 이 과정에서 성령님께 특별한 능력을 받기도 했습니다. 이 상황은 성령님의 임재가 특정한 사람에게만 허락된 것처럼 보일 수도 있습니다. 선지자나 사사들이 하나님께 잘못을 저지른 후 성령께서 그들을 떠나신 사건을 접하게 되면 이 생각은 더욱 굳어집니다(삼상 16:14; 삿 16:20).

구약의 성령님은 특정한 사람에게만 허락된 존재가 아니십니다. 성령님은 모든 이스라엘과 함께하셨습니다.

2) 모든 이스라엘

익숙하거나 관심 있는 것만 보게 되면 특별한 것도 익숙한 생각 속에 동화됩니다. 이제 구약의 성령님에 대한 고정관념에서 벗어나야 합니다. 구약의 성령께서 온 이스라엘 민족에게 임하셨다는 명백한 구절을 보더라도 성경을 보는 프레임이 고정된 상태에선 대수롭지 않게 생각할 수도 있습니다.

> 내가 다시는 내 얼굴을 그들에게 가리지 아니하리니 이는 내가 내 영을 이스라엘 족속에게 쏟았음이라 주 여호와의 말씀이니라(겔 39:29).

> 나는 목마른 자에게 물을 주며 마른 땅에 시내가 흐르게 하며 나의 영을 네 자손에게 나의 복을 네 후손에게 부어 주리니(사 44:3).

너희가 애굽에서 나올 때에 내가 너희와 언약한 말과 나의 영이 계속하여 너희 가운데 머물러 있나니 너희는 두려워하지 말지어다(학 2:5).

그들의 모든 환난에 동참하사 자기 앞의 사자로 하여금 그들을 구원하시며 그의 사랑과 그의 자비로 그들을 구원하시고 옛적 모든 날에 그들을 드시며 안으셨으나 그들이 반역하여 주의 성령을 근심하게 하였으므로 그가 돌이켜 그들의 대적이 되사 친히 그들을 치셨더니 백성이 옛적 모세의 때를 기억하여 이르되 백성과 양 떼의 목자를 바다에서 올라오게 하신 이가 이제 어디 계시냐 그들 가운데 성령을 두신 이가 이제 어디 계시냐 (사 63:9-11).

이 구절들은 성령께서 온 이스라엘 백성들과 함께하셨다는 것을 밝혀줍니다. 성령님은 온 이스라엘과 함께하셨으며 구약 성도 개개인에게 친히 내주하셨습니다.

이 구절들을 얼핏 보면 성령께서 이스라엘을 집단으로 다스리셨다고 생각할 수도 있습니다. 구약에서 이스라엘을 총칭할 때는 온 이스라엘을 의미하기도 하지만 성도 개개인을 의미하기도 합니다. 성도들이 모인 곳이 이스라엘입니다. 이스라엘에는 성령님을 따르는 사람과 그렇지 않은 사람이 공존했다는 것을 알게 되면 쉽게 생각할 수 있습니다.

성부 하나님은 모든 구약 성도가 성령에 충만하길 바라셨습니다. 이 충만함의 대상은 특정한 사람이 아닙니다. 복음을 들은 모든 성도입니다.

3) 개인의 고백

마지막으로 간절한 마음으로 '주의 영'을 부르짖는 다윗의 고백을 살펴보겠습니다.

다윗은 골리앗을 무찌른 이스라엘의 왕입니다. 다윗은 인기가 많았습니다. 다윗 이전의 왕 사울은 백성들이 자신보다 다윗을 더 사랑하자 다윗을 시기했습니다. 다윗을 죽이려고 여러 번 시도했습니다. 다윗은 죽을 고비를 여러 번 넘겼습니다. 하나님은 사울을 통해 다윗을 훈련하셨습니다. 다윗은 성령의 음성에 철저히 순종하는 훈련을 받았습니다.

사울이 죽고 다윗은 마침내 왕위에 올랐습니다. 한동안 다윗은 이스라엘을 잘 통치했습니다. 하지만 교만해진 탓에 범죄를 저질렀습니다. 어느 날 저녁 다윗이 창밖을 보는데 아름다운 여인이 목욕하고 있었습니다. 그녀의 이름은 밧세바입니다. 자신의 장군 우리아의 아내였습니다.

다윗은 밧세바를 취하기 위해 우리아를 전쟁이 가장 치열한 장소에 보냈습니다. 우리아는 결국 죽게 됩니다. 다윗은 밧세바를 취했습니다. 성령의 음성보다 육신의 소욕을 따랐습니다. 이 사건 이후 다윗은 하나님께 자녀의 벌을 받게 됩니다. 다윗은 밧세바를 통해 솔로몬을 낳기도 했지만, 자녀들로 인해 불우한 인생을 살게 됐습니다.

하나님이여 내 속에 정한 마음을 창조하시고 내 안에 정직한 영을 새롭게 하소서 나를 주 앞에서 쫓아내지 마시며 주의 성령을 내게서 거두지 마소서 주의 구원의 즐거움을 내게 회복시켜주시고 자원하는 심령을 주사 나를 붙드소서(시 51:10-12).

이 시편 51편은 다윗의 고백입니다. 다윗은 밧세바로 인해 극심한 죄책감을 느끼고 있습니다. 사실 다윗은 성령님이 자신을 떠나실까 더욱 두려워했습니다.

성령님은 개인에게 내주하십니다. 선한 양심을 따르도록 격려하십니다. 그래서 우리가 악한 일을 하면 양심의 가책을 느낍니다. 다윗은 성령보다 육신을 따랐습니다. 자신도 그 사실을 알고 있었습니다. 그런데도 다윗은 성령과 함께하길 원했습니다. 다윗은 이미 하나님 나라를 누렸고 그 가치를 알고 있었습니다. 다윗은 성령님이 없다면 하나님 나라도 참여할 수 없다는 것을 알았습니다.

다윗의 고백과 같이 구약 성도들은 성령의 임재 속에서 하나님 나라를 누렸고, 성령과 늘 함께하길 원했습니다. 그들은 행여나 성령께서 떠나실 것을 두려워해 경건함으로 자신을 단장했습니다.

〔표 17〕 성령을 주의 영이라 부른 개인의 고백

[삼하 23:2] [시 143:10] [겔 2:2]

7. 여호와의 말씀

마지막으로 살펴볼 성령님의 이름은 '여호와의 말씀'입니다. 이 이름과 더불어 여러 가지 성령님의 이름이 한 곳에 같이 나온 구약 성구를 살펴보며 이 장을 마치도록 하겠습니다.

1) 꿈과 환상(창 15:1)

하나님은 종종 사람들에게 꿈과 환상을 보여 주셨습니다. 이 꿈과 환상을 통해 사람들과 대화하셨습니다. 아브라함에게도 꿈과 환상을 보여 주셨습니다. 아브라함은 자신의 자손이 큰 민족을 이루는 꿈을 꿨습니다. 성령을 통해 꿈을 꾼 아브라함은 믿음의 조상이 됐습니다. 이 밖에도 많은 사람이 꿈과 환상을 통해 하나님의 계시를 받았습니다.

2) 성령의 법 / 성령의 내주(왕상 16:1; 렘 1:9, 11, 13; 겔 7:1; 슥 7:4; 사 1:10; 신 27:10)

선지자는 하나님의 말씀을 전하는 사람입니다. 선지자가 전한 여호와의 말씀, 성령의 법은 성도를 하나님 앞에 서게 했습니다. 하나님의 말씀인 율법과 계명은 청중들의 죄악을 드러냈습니다. 자신의 죄를 발견한 이스라엘은 회개했습니다. 마음을 열고 절대적인 선 앞에 무릎을 꿇었습니다.

'여호와의 말씀'은 성도의 얼어붙은 마음을 녹여 하나님의 계명을 행하게 도와주십니다. 선지자의 말씀 선포부터 성도가 성령의 법을 행하기까지 모든 과정을 여호와의 말씀, 성령께서 주도하십니다.

선지자들이 하나님의 말씀을 전하는 상황에서 여호와의 말씀이란 표현이 가장 많이 사용됐습니다. 여호와의 말씀은 성경 구절 서두에 "여호와의 말씀이 임하여 이르시되"라고 자주 사용됐습니다. 선지자들이 하나님의 율법 및 계명을 전할 때 사용하는 관용어구입니다. 여호와의 말씀은 선지자에게 임한 하나님의 영입니다. 성도들에게 내주하셔서 성령의 법을 행하게 하시는 성령님입니다.

8. 복음의 패러다임

개개인이 성령님을 대하는 마음이 다 다른 것처럼 성령의 이름에도 개인의 마음이 반영될 수 있습니다. 그래서 구약 성도는 성령님의 이름을 다양하게 불렀습니다(능력, 위엄, 지혜, 여호와의 눈, 권능, 숨결 등). 신약을 지나온 우리도 성령님과 교제 속에 느낀 감정을 토대로 성령님의 이름을 표현합니다. 의식하지 않더라도 우리는 그것을 느끼고 있습니다.

지금까지 우리는 구약 성령님의 다양한 이름들을 살펴봤습니다. 이 과정에서 구약 성도가 성령님과 친밀한 관계를 맺었다는 사실과 함께 구약에 임한 하나님 나라를 발견했습니다. 이것은 복음을 이해하는 데 매우 중요한 사실입니다. 이제 복음의 패러다임을 바꿀 시간입니다. 구약의 하나님 나라가 신약으로 전해졌고, 구약의 성령님이 신약의 이방인인 우리에게 오셨으며, 구약의 언약 속에서 우리는 하나님의 자녀가 됐습니다.

〔표 18〕 다양한 구약 성령의 이름이 한 곳에 모인 구절

성령님 = 목소리 = 여호와의 손
너희가 만일 여호와를 경외하여 그를 섬기며 **그의 목소리**를 듣고 여호와의 명령을 거역하지 아니하며 또 너희와 너를 다스리는 왕이 너희의 하나님 여호와를 따르면 좋겠지마는 너희가 만일 여호와의 목소리를 듣지 아니하고 여호와의 명령을 거역하면 **여호와의 손**이 너희의 조상들을 치신 것 같이 너희를 치실 것이라 (삼상 12:14-15).

성령님 = 여호와의 영 = 말씀
여호와의 영이 나를 통하여 말씀하심이여 **그의 말씀**이 내 혀에 있도다 (삼하 23:2).

성령님 = 오른손 = 눈동자 = 주의 날개
주께 피하는 자들을 그 일어나 치는 자들에게서 **오른손**으로 구원하시는 주여 주의 기이한 사랑을 나타내소서 나를 **눈동자** 같이 지키시고 **주의 날개** 그늘 아래에 감추사 (시 17:7-8).

성령님 = 주의 날개 = 주의 오른손
주는 나의 도움이 되셨음이라 내가 **주의 날개** 그늘에서 즐겁게 부르리이다 나의 영혼이 주를 가까이 따르니 **주의 오른손**이 나를 붙드시거니와 (시 63:7-8).

성령님 = 주의 영 = 주의 손
내가 **주의 영**을 떠나 어디로 가며 주의 앞에서 어디로 피하리이까 내가 하늘에 올라갈지라도 거기 계시며 스올에 내 자리를 펼지라도 거기 계시니이다 내가 새벽 날개를 치며 바다 끝에 가서 거주할지라도 거기서도 **주의 손**이 나를 인도하시며 주의 오른손이 나를 붙드시리이다(시 139:7-10).

성령 = 사자 = 영광의 팔 = 여호와의 영
그들의 모든 환난에 동참하사 자기 앞의 **사자**로 하여금 그들을 구원하시며 그의 사랑과 그의 자비로 그들을 구원하시고 옛적 모든 날에 그들을 드시며 안으셨으나 그들이 반역하여 주의 성령을 근심하게 하였으므로 그가 돌이켜 그들의 대적이 되사 친히 그들을 치셨더니 백성이 옛적 모세의 때를 기억하여 이르되 백성과 양 떼의 목자를 바다에서 올라오게 하신 이가 이제 어디 계시냐 그들 가운데에 **성령**을 두신 이가 이제 어디 계시냐 그의 **영광의 팔**이 모세의 오른손을 이끄시며 그의 이름을 영원하게 하려 하사 그들 앞에서 물을 갈라지게 하시고 그들을 깊음으로 인도하시되 광야에 있는 말 같이 넘어지지 않게 하신 이가 이제 어디 계시냐 **여호와의 영**이 그들을 골짜기로 내려가는 가축 같이 편히 쉬게 하셨도다 주께서 이와 같이 주의 백성을 인도하사 이름을 영화롭게 하셨나이다하였느니라 (사 63:9-14).

제5장

구약의 하나님 나라

1. 성령 충만

1) 성령의 내주와 성령의 충만함

우리는 예수님을 믿고 성령의 선물을 받았습니다. 성령님은 우리가 인식하지 않더라도 언제나 함께하십니다. 이것을 성령의 내주라고 합니다. 성령님은 신구약 모든 성도에게 내주하십니다.

〔표 19〕 성령의 내주와 충만함

[성령의 내주]	[성령의 충만함]
- 성령님이 성도와 함께하시는 상태 - 하나님의 자녀 됨 - 구원의 보증 - 성령의 내적 열매 - 인격적 성숙(성화)	- 하나님의 통치가 실현 - 하나님의 존재를 인식 / 　하나님과 연합 - 성령을 따라 행함 - 전적인 순종이 가능 - 성령의 외적 열매 / 기적 실현

성령의 내주는 성도에게 이미 임한 하나님 나라를 누리게 해 주며 앞으로 임할 하나님 나라를 약속합니다. 또한, 성도가 예수님을 닮도록 격려합니다. 예수님을 닮아가는 것을 '성화'라고 부릅니다.

성령의 충만함은 성령의 내주와 약간 차이가 있습니다. 기본적으로 이 둘은 성령님이 성도와 함께 하시는 상태입니다. 성도는 성령의 내주 가운데 육신의 소욕을 따를 수도 있습니다. 하지만 성령의 충만함은 성도의 의지와 하나님의 의지가 하나 된 상태입니다. 성도는 성령의 충만함 속에 하나님께 전적인 순종을 드립니다. 모든 육신의 소욕은 사라집니다. 하나님 나라가 실현됩니다.

성도는 성령의 충만함 속에서 기적과 방언의 은사 등을 체험합니다.

우리가 찬송을 듣고 눈물을 흘리거나 목사님의 말씀을 접했을 때 가슴이 뜨거워지는 것은 성령에 충만해서입니다. 우리는 항상 성령에 충만할 수는 없지만, 언제나 성령에 충만하기를 기도하고 노력해야 합니다.

2) 성령 충만했던 믿음의 조상들

히브리서 11장에는 믿음의 조상들이 등장합니다. 이 조상들이 보여 준 믿음의 본보기는 신약 성도들을 격려합니다. 믿음의 조상을 포함한 구약의 성도는 모두 성령의 내주 속에 성령의 충만함을 경험했습니다.

히브리서 11장을 자세히 살펴보겠습니다.

4절에는 가인과 아벨이 나옵니다. 가인과 아벨은 아담과 하와의 자녀입니다. 가인과 아벨은 하나님께 각자 제사를 지냈습니다. 하지만 하나님은 아벨의 제사만 받아 주셨습니다. 가인은 자신의 제사를 하나님께서 받아 주시지 않자 아벨에게 질투를 느꼈습니다. 급기야 가인은 아벨을 죽였습니다. 가인은 성령을 따르지 않고 육신의 욕망을 따랐습니다. 육신의 사람은 성령을 따르는 자를 시기하고 미워합니다(갈 4:29). 하나님께서 아벨의 제사만 받아 주셨던 이유는 가인이 육신의 사람이었기 때문입니다.

이어서 5절에는 에녹이 나옵니다. 에녹은 죽지 않고 하나님 나라에 간 사람입니다. 에녹은 하나님과 함께 동행했습니다(창 5:22). 구약에서 '하나님과 동행했다'라는 말은 '성령과 동행했다'와 같은 뜻입니다.

7절에는 노아가 나옵니다. 노아 시대에 인류의 죄가 세상에 가득 찼습니다. 하나님께서는 자신이 창조한 세상을 죄로부터 보호하기 위해 인류를 심판하셨습니다. 이 심판은 홍수 심판입니다. 하나님의 심판은 언제나 소수의 의인을 보호합니다. 그 당시 성령을 따라 살았던 사람은 노아와 그 가족뿐이었습니다. 주님께서 다시 오실 때에도 노아의 홍수 때와 같은 상황이 일어납니다(마 24:37).

11절에는 사라의 이야기가 나옵니다. 아브라함의 아내 사라는 나이가 많아 아이를 가질 수 없었습니다. 아브라함은 자신의 부인을 통해 자녀를 얻게 된다는 예언을 듣고 너무 황당해서 그만 웃어 버렸습니다(창 18:12). 사라 또한 웃었지만 믿음으로 인내하며 성령의 열매를 하나님께 드렸습니다. 사라는 하나님의 약속대로 이삭을 잉태했습니다. 이삭의 어원은 '웃음'입니다. 아브라함의 비웃음이 사라에게 큰 '기쁨'으로 바뀌었습니다

히브리서의 저자는 성령을 따랐던 믿음의 조상들을 나열했습니다. 아브라함, 야곱, 요셉, 모세, 기드온, 바락, 삼손, 입다 등 수많은 사람입니다.

구약 성도는 성령 충만함으로 천국을 사모했습니다. 이들은 하나님께서 계시는 새 예루살렘성을 고대했습니다(히 11:10, 16).

31절에는 라합이 등장합니다. 라합은 이방인이었고 기생이란 직업을 갖고 있었습니다. '구약에 성령 충만한 사람들이 있었다는 사실은 그렇다 쳐도, 어떻게 이방인까지 그 부류에 포함시킬 수 있을까?'라는 생각을 할 수 있습니다. 놀랍게도 하나님은 구약 시대부터 이방인들이 하나님 나라에 참여할 기회를 동등하게 주셨습니다.

3) 성령 충만한 이방인

우리가 듣자 곧 마음이 녹았고 너희로 말미암아 사람이 정신을 잃었나니 너희의 하나님 여호와는 위로는 하늘에서도 아래는 땅에서도 하나님이시니라(수 2:11, 라합의 고백).

라합의 이야기를 더 해 보겠습니다. 이스라엘 백성들은 광야를 지나 가나안 땅 앞에 도착했습니다. 이스라엘은 가나안 땅에 진입하기 전 싯딤에 머물며 여리고라는 곳을 정탐했습니다. 여리고는 가나안 땅에 진입하기 위한 첫 관문이었습니다.

정탐꾼들은 기생 라합의 집에 묵으며 정탐을 마쳤습니다. 라합은 정탐꾼들에게 자신과 가족을 지켜 달라고 요청합니다. 라합은 이스라엘과의 전쟁보다, 하나님의 전능하심을 두려워했습니다. 라합은 이미 하나님을 경외했습니다. 이 경외하는 마음은 성령께서 주신 것입니다.

> 또 이와 같이 기생 라합이 사자들을 접대하여 다른 길로 나가게 할 때에 행함으로 의롭다 하심을 받은 것이 아니냐(약 2:25).

라합은 비록 이방인이었지만 하나님을 경외하는 마음을 가졌습니다. 그 경외하는 마음으로 정탐꾼들을 대접했습니다. 라합은 성령을 따라 행해 의로움을 받았습니다. 라합은 하나님 나라의 통치에 참여한 이방인이었습니다.

열왕기하 5장에는 이방인 아람 장군 나아만이 나옵니다. 나아만은 나병에 걸렸습니다. 나아만에게 이스라엘 여자아이 포로가 있었습니다. 그 아이는 장군의 병을 보고선 이스라엘의 선지자 엘리사를 소개해 줬습니다. 나아만은 엘리사를 찾아가 고침을 받았습니다. 그리고 열왕기하 5:15의 고백처럼 하나님의 전능하심을 찬양했습니다.

자세한 내용은 더 나오지 않지만, 그는 하나님을 경외하는 삶을 살았을 것입니다. 신약 시대에 나병 환자들이 예수님께 고침을 받은 것처럼 나아만도 하나님 나라를 경험했습니다.

룻기에 등장하는 룻은 이방 민족 모압 사람입니다. 룻의 시어머니 나오미는 이스라엘 사람입니다. 나오미에게는 두 아들 부부가 있었습니다. 두 아들이 모두 죽고 며느리들만 남게 되자 나오미는 두 며느리에게 자신을 떠나 고향으로 돌아가라고 했습니다. 며느리 중 한명인 오르바는 고향으로 돌아갔지만, 룻은 시어머니의 곁을 지켰습니다. 열악한 상황에도 룻은 이삭을 주워 생계를 유지했습니다. 이후 룻은 죽은 남편의 친족 보아스와 재혼을 하게 됩니다. 형편도 나아지고, 아들도 낳게 됐습니다. 룻은 믿음의 가정을 세웠습니다. 이후 이 아들을 통해 다윗의 계보가 이어집니다.

룻은 자신과 시어머니의 삶을 주관하신 하나님을 경험했습니다. 자신이 이전에 섬기던 모압신 그모스를 떠나 하나님을 선택했습니다. 하나님을 경외했습니다. 이방인을 통해 다윗의 계보가 이어졌다는 것은 매우 놀랄 만한 사실입니다. 왜냐하면 이 계보는 예수님까지 이어지기 때문입니다. 하나님은 출생과 외모를 보지 않으십니다.

라합 외에도 이스라엘을 인도하시는 하나님의 전능하심을 들은 소수의 이방인이 있었습니다. 모두 하나님을 경외하는 마음을 가졌습니다.

> 너희의 유아들과 너희의 아내와 및 네 진중에 있는 객과 너를 위하여 나무를 패는 자로부터 물 긷는 자까지 다 너희 하나님 여호와 앞에 서 있는 것은 네 하나님 여호와의 언약에 참여하며 또 네 하나님 여호와께서 오늘 네게 하시는 맹세에 참여하여 여호와께서 네게 말씀하신 대로 또 네 조상 아브라함과 이삭과 야곱에게 맹세하신 대로 오늘 너를 세워 자기 백성을 삼으시고 그는 친히 네 하나님이 되시려 함이니라 내가 이 언약과 맹세를 너희에게만 세우는 것이 아니라 오늘 우리 하나님 여호와 앞에서 우리와 함께 여기 서 있는 자와 오늘 우리와 함께 여기 있지 아니한 자에게까지이니 (신 29:11-15).

하나님께서 언약을 맺으시고 선포하실 때 수많은 이스라엘 백성들이 한 자리에 모여 있었습니다. 그 자리에는 이스라엘 사람 외에도 다른 부류가 있었습니다. 바로 이방인입니다.

이스라엘의 종이 됐던 소수의 이방인은 율법을 지키며 할례도 행하고 안식일도 지켰습니다. 그들은 이스라엘을 이끄시는 하나님의 전능함을 지켜봤습니다. 그들 또한 하나님을 섬기며 예배했습니다.

구약과 신약의 언약은 동일합니다. 이 언약은 그 자리에 있었던 이스라엘뿐만 아니라 그곳에 함께 있던 이방인에게도 전해졌습니다. 주님의 오심으로 신약 성도도 이 언약에 함께 참여합니다. 하나님의 언약은 이스라엘을 포함한 구약의 이방인과 신약의 이방인인 우리를 위해 계획됐습니다.

> 내가 내 집에서 내 성 안에서 아들이나 딸보다 나은 기념물과 이름을 그들에게 주며 영원한 이름을 주어 끊어지지 아니하게 할 것이며 또 여호와와 연합하여 그를 섬기며 여호와의 이름을 사랑하며 그의 종이 되며 안식일을 지켜 더럽히지 아니하며 나의 언약을 굳게 지키는 이방인마다 내가 곧 그들을 나의 성산으로(새 예루살렘성) 인도하여 기도하는 내 집에서 그들을 기쁘게 할 것이며 그들의 번제와 희생을 나의 제단에서 기꺼이 받게 되리니 이는 내 집은 만민이 기도하는 집이라 일컬음이 될 것임이라 (사 56:5-7).

이방인이라도 하나님을 경외하는 사람은 언약의 백성이 됩니다. 성령과 함께 하나님과 연합합니다. 성령의 법을 지키며 하나님을 사랑합니다. 이사야 56장의 '만민이 기도하는 집'은 예수님도 인용하신 구절입니다. 이 만민은 구약의 이방인과 이스라엘을 뜻합니다.

성령님은 구약의 이방인과 이스라엘 모두에게 내주하셨습니다. 이방 성도 또한 성령께서 계시는 하나님의 성전이었습니다.

2. 구약과 구원

1) 잠언의 재해석

하나님 나라의 관점으로 재해석해야 할 성경이 있습니다. 바로 잠언입니다. 잠언을 삶의 지혜가 담긴 성경이라 생각할 수도 있습니다. 하지만 잠언에 나온 '지혜'란 단어를 성령으로 바꿔 읽어보면 새로운 것을 발견할 수 있습니다.

> 여호와를 경외하는 것이 지식의 근본이거늘 미련한 자는 지혜와 훈계를 멸시하느니라 … **지혜**가 길거리에서 부르며 광장에서 소리를 높이며 … 나의 책망을 듣고 돌이키라 보라 내가 **나의 영**을 너희에게 부어 주며 내 말을 너희에게 보이리라(잠 1:7, 20, 23).

잠언 1:7에서 여호와를 경외하는 것이 지식의 근본이라고 합니다. 성령의 사람은 여호와를 경외합니다. 여호와를 경외하지 않는 사람은 하나님의 지혜와 훈계를 무시합니다.

잠언 1:20에서 '지혜'가 길거리와 광장에서 사람들을 책망하고 있습니다. 지혜가 의인화돼 있습니다. 쭉 읽다 보면 그 '지혜'가 성령님이라는 것을 23절에서 알게 됩니다. 지혜, 훈계 그리고 책망은 성령께서 자신의 백성에게 하시는 말씀입니다.

> 내 아들아 나의 법을 잊어버리지 말고 네 마음으로 나의 명령을 지키라 … 대저 여호와께서 그 사랑하시는 자를 징계하시기를 마치 아비가 그 기뻐하는 아들을 징계함 같이 하시느니라 지혜를 얻은 자와 명철을 얻은 자는 복이 있나니 … 지혜는 그 얻은 자에게 생명 나무라 지혜를 가진 자는 복되도다(잠 3:1, 12, 13, 18).

잠언 1장 만으로 '지혜'가 성령님을 의미하는 것인지 확신을 하기에는 이른 것 같습니다. 다시 잠언 3장 초반부 1절을 살펴보겠습니다. "내 아들아 나의 법을 잊어버리지 말고 네 마음으로 나의 명령을 지켜라"라고 합니다. 우리가 앞서 확인한 바와 같이 나의 법, 여호와의 법, 주의 법은 성령의 법과 같은 뜻입니다.

이어서 12절에서는 여호와께서 자신을 사랑하는 자에게 징계를 주신다고 합니다. 하나님은 성도가 올바른 길로 가도록 훈계하십니다. 부모와 자녀의 모습과 같습니다. 잠언에서 아버지로 묘사되는 분은 성부 하나님입니다. 아들은 성도입니다. 지혜와 훈계, 꾸지람, 징계 등은 성도를 바른길로 인도하시는 '성령의 음성'입니다.

잠언 3:14는 "지혜를 얻는 것이 금과 은보다 귀하다"라고 합니다. 이 지혜는 '생명 나무'를 줍니다. 생명 나무는 영생, 구원을 의미합니다. 성령님은 성도의 구원을 보증하십니다. 그래서 성령님께서 우리에게 생명 나무의 열매를 주시는 것과 같습니다. 지혜를 성령에 대입하면 이런 풀이가 가능합니다.

> 내 아들아 내 말을 지키며 내 계명을 간직하라 내 계명을 지켜 살며 내 법을 네 눈동자처럼 지키라 이것을 네 손가락에 매며 이것을 네 마음판에 새기라(잠 7:1-3).

이와 비슷한 내용은 잠언 7장에서도 볼 수 있습니다. 성령께서 성도에게 성령의 법을 지키도록 권고하는 구절입니다. 3절에서는 마음판에 계명을 새기라고 합니다. 롬 2:29의 '마음의 할례'와 같습니다. 하나님의 계명을 마음판에 새기는 것, 마음에 할례를 받는 것은 성령의 법을 지키는 것과 같은 뜻입니다.

> 여호와께서 그 조화의 시작 곧 태초에 일하시기 전에 나를 가지셨으며 만세 전부터, 태초부터, 땅이 생기기 전부터 내가 세움을 받았나니 … 대저 나를 얻는 자는 생명을 얻고 여호와께 은총을 얻을 것임이니라(잠 8:22, 23, 35).

계속해서 잠언 8장을 확인해 보겠습니다. 8장에서도 지혜가 의인화됐습니다. 중요한 대목은 22절에서 마지막절까지입니다. 이 부분은 성령 하나님의 창조 사역을 묘사합니다. 창조 사역 때 성부, 성자, 성령 하나님은 함께 계셨습니다. 성부 하나님이 창조의 근원이라면 성령 하나님은 창조의 실행자입니다. 이제 '지혜'가 성령님을 묘사하는 단어라는 것이 확실해졌습니다.

잠언 8:35에선 '지혜'를 얻는 것이 생명을 얻는 것이라고 합니다. 앞에서 본 '지혜'는 "그 얻은 자에게 생명 나무라 지혜를 가진 자는 복 되도다"(잠 3:18)와 같은 이야기입니다. 잠언 11:30에서 의인의 열매는 생명 나무라고 합니다. 잠언은 지혜와 함께 하는 자가 생명 나무를 얻게 된다고 알려 줍니다.

지혜와 함께 하는 자는 성령의 훈계와 가르침 속에서 성령의 법을 행하며 성령의 열매를 맺습니다. 이 열매는 성도 개인의 결실을 의미하기도 하지만 실제 생명 나무의 열매를 뜻하기도 합니다.

잠언에서 살펴본 바와 같이 '성령의 법'과 '새 예루살렘성'의 개념은 구약에 늘 존재했습니다. 구약에서 완전한 하나님의 나라를 이야기할 때면 새 예루살렘성이 등장합니다. 새 예루살렘성을 언급한 대신 생명 나무만 언급하기도 합니다. 생명 나무는 새 예루살렘성 안에 있기 때문입니다.

둘 중 한 가지만 말해도 앞으로 임할 하나님 나라를 말하는 것과 같습니다.

잠언을 살펴보니 구약 성도들이 이미 복음과 구원을 받았고, 새 예루살렘성을 소망했다는 사실이 점점 선명해집니다.

2) 시편의 재해석

이제 시편을 살펴보겠습니다. 시편에 등장하는 주의 법, 여호와의 율법, 계명, 주의 율례, 주의 법도, 주의 말씀, 규례는 모두 '성령의 법'을 의미합니다. 여러 가지 표현이지만 동일한 의미입니다.

> 복 있는 사람은 악인들의 꾀를 따르지 아니하며 죄인들의 길에 서지 아니하며 오만한 자들의 자리에 앉지 아니하고 오직 여호와의 율법을 즐거워하여 그의 율법을 주야로 묵상하는도다(시 1:1-2).

복이 있는 자는 성령의 사람이며, 악인은 육신의 사람입니다. 복이 있는 자의 마음에는 하나님의 법, 성령의 법이 있습니다(시 37:31; 40:8).

시편은 새 예루살렘성을, '주의 장막' 또는 '성전'이라 표현합니다(시 61:4; 65:4; 84:10). 요한계시록은 이 장막을 '하나님의 장막'(계 21:3) 또는 '성도들의 사랑하시는 성'(계 20:9)으로 표현합니다.

시편에는 새 예루살렘성을 인용한 고백들이 많이 나옵니다. 이것은 구약 성도가 새 예루살렘성을 간절히 사모했다는 것을 다시 알려 줍니다.

성령의 법을 지키는 구약 성도는 새 예루살렘성을 소망했습니다. 구약 성도는 이 땅을 살면서도 자신의 본향이 새 예루살렘성이라는 것을 잘 알고 있었습니다(히 11:13-16). 구약 성도는 성령의 내주 안에서 하나님의 법을 사모하며 지켰습니다. 하나님의 언약 백성입니다.

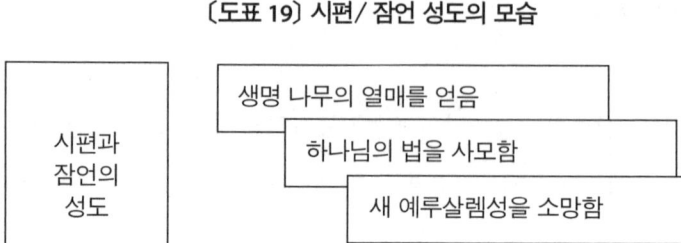

〔도표 19〕 시편/ 잠언 성도의 모습

3) 구원의 전달

시편의 저자는 구약 성도들을 '이스라엘의 흩어진 자'라고 표현합니다(시 147:2). 구약 성도는 그 규모가 소수이기 때문입니다. 구약 시대에 성령을 따랐던 사람들은 소수였습니다. 노아의 시대에는 노아의 가족을 포함한 8명, 소돔과 고모라 재앙에서는 롯과 그의 가족, 광야의 첫번째 원정에서는 오직 갈렙과 여호수아, 엘리야 시대에는 바알에게 무릎 꿇지 않은 7천 명의 사람들 그리고 여리고 성에서는 라합과 그 가족뿐이었습니다. 이 사람들은 혼탁한 세상에서 믿음을 지킨 소수의 사람들입니다.

하나님께서 소수의 사람만 선택하신 건 아닙니다. 하나님의 언약에 속하는 것과, 성령의 법을 지키기가 쉽지 않기 때문에 소수만 남을 뿐입니다.

성령을 따랐던 구약의 '이스라엘의 흩어진 자'는 로마서에 나오는 '이스라엘의 남은 자'와 연관이 있습니다. 구약 시대에는 성령을 따르는 자들은 소수이고 육신을 따른 자들은 다수였습니다. 이것은 이스라엘 모두가 믿음을 잃어버린 것처럼 보이게 하지만 하나님의 계획은 그것이 아닙니다.

구약 이스라엘은 복음의 도구입니다. 구약 성도들은 복음과 관련된 모든 것들을 우리에게 보여 줍니다. 이스라엘 민족에게 이뤄진 하나님 나라를 봄으로써 우리는 하나님을 알게 됐습니다. 구약은 우리에게 복음을 전해 줬습니다.

현재 이스라엘은 예수님을 하나님의 아들로서 믿지 않습니다. 하지만 바울은 이스라엘의 남은 자가 돌아올 때가 남아 있다고 했습니다. 이 민족적 이스라엘은 실제로 종말의 때 회심하고 주님께 다시 돌아올 것입니다.

〔표 20〕 구원의 전달자 이스라엘

```
- 롬 9:24-27 = 이스라엘의 남은 자
             = 백성이 아닌 자, 신약 성도를 백성으로 부르심
- 요 10:16 = 우리에 들지 않은 양 비유(그 양 : 신약 성도)
- 행 15:14-18; 행 28:28 = 구원이 구약에서 신약 이방인에게 전해짐
- 이방인의 하나님(롬 3:29)
- 이방을 위해 아브라함에게 복음을 미리 전함(갈 3:7-9)
```

3. 성령님의 떠나가심

성령님은 성도에게 현재적 하나님 나라의 복을 주시며, 완성될 하나님 나라를 보장해 주십니다. 그런데 성령께서 성도를 떠나가신다면 이 복은 어떻게 될까요?

성령께서 성도를 떠나가시는 것을 '성령 훼방'이라 합니다. 어감상 성도가 스스로 성령님을 떠나보내는 것 같습니다. 성령 훼방에 대해 고민하

다 보면 성령께서 떠나시는 시점에 대해 생각하게 됩니다. 어느 선까지 개인의 죄가 용납되고 어느 정도까지 성령의 음성을 무시할 수 있는지에 관한 물음은 매우 어려운 질문입니다.

이 질문은 절대적인 기준과 상대적인 기준을 나눠 적용할 수 있습니다. 성령님이 떠나시는 절대적인 조건은 성도가 하나님을 부인할 경우이고, 상대적인 것은 성도와 성령님과의 관계에 따라 결정됩니다. 성령님은 성도들의 개성과 신앙에 따라 관계를 맺으십니다. 제삼자가 이 관계를 평가해선 안 됩니다.

성도는 성령의 음성에 순종할 수도 있고 무시할 수도 있습니다. 구원은 오직 은혜로 받지만, 성도에게는 성령을 따라야 하는 의무와 그 선택권이 주어집니다. 성령을 따르는 것은 언약에 머물기 위한 조건입니다. 성령의 음성을 거부하는 것은 불신자만의 일이라고 생각 할 수도 있지만, 불신자는 성령의 음성에 관심도 없으며 들을 수도 없습니다. 성령의 음성에 귀를 기울일 수 있는 사람은 성도뿐이며, 귀를 막을 수 있는 사람도 성도뿐입니다.

1) 구약의 사울

이스라엘은 광야 생활을 청산하고 가나안 땅에 도착했습니다. 이제 이스라엘은 독립된 국가로서 자신들의 세력을 확장하고 유지하고 싶어합니다. 이스라엘은 자신을 다스릴 왕을 하나님에게 요청했습니다. 하나님은 이스라엘의 요구를 들어주셨습니다. 하나님은 사울을 이스라엘의 첫 왕으로 등용하셨습니다.

사울은 왕이 되기 전에 성령의 충만함을 경험했습니다(삼상 10:6, 9; 11:6). 왕이 된 사울은 이스라엘을 괴롭히는 블레셋을 무찔렀습니다. 사울은 하나님의 영에 감동돼 하나님의 일을 수행합니다. 하지만 사울은 전쟁에 승리할 때마다 기고만장해졌습니다. 불행히도 사울은 모든 전쟁을 자신의 힘으로 이겼다는 착각에 빠집니다.

하나님은 사울에게 아말렉과 전쟁을 치르라고 명령하셨습니다. 이번 전쟁에서는 아말렉의 남녀노소를 포함한 모든 소유를 다 진멸하라고 하십니다. 이방의 문화와 종교는 이스라엘을 죄악의 길로 인도합니다. 하나님께선 그것을 막고자 하셨습니다.

사울은 아말렉과의 전투에서 승리하지만 하나님의 명령은 거역했습니다. 아말렉의 소유를 남기고 그들을 살려 줬습니다. 하나님은 자신의 명을 어긴 사울을 왕으로 선택하신 것을 후회하셨습니다(삼상 15:11). 사울은 그 사실도 모른 체 자신을 위한 승리의 기념비까지 세웠습니다(삼상 15:12).

선지자 사무엘은 사울이 성령의 음성을 따르지 않고 육신을 따른 것을 책망했습니다(삼상 15:19). 사울은 하나님께 제사를 드리기 위한 전쟁의 전리품으로 양과 소를 남겨 둔 것이라고 변명했습니다. 하지만 사무엘은 순종이 제사보다 낫다고 말했습니다. 성령께 순종하는 것은 제사와 율법을 지키는 것보다 낫습니다(삼상 15:22).

사무엘은 성령의 음성을 거부하는 것은 우상 숭배와 같은 것이라고 다시 책망합니다(삼상 15:23). 사울의 때늦은 후회에도 이 상황을 돌이킬 수 없었습니다. 하나님의 영은 사울을 떠나셨습니다(삼상 16:14).

2) 신약 – 아나니아와 삽비라

예수님의 승천 후 제자들은 함께 모여 약속하신 성령님을 기다렸습니다. 오순절 마가의 다락방에서 함께 기도하다가 성령의 충만함을 경험했습니다. 이후 제자들은 담대히 복음을 전했습니다. 복음의 초대를 받은 많은 수가 함께 모였습니다. 이 믿음의 사람들은 한마음으로 모든 물건을 공유했습니다(행 4:32). 자신의 소유를 타인에게 줄 수 있는 것은 육신의 욕심 대신 성령을 따라야 가능합니다. 이들은 하나님 나라를 경험했습니다. 아나니아와 그의 아내 삽비라도 이들 중 하나였습니다.

아나니아와 삽비라는 자신의 땅을 가난한 자들과 나누기 위해 팔았습니다. 하지만 부부는 사도들에게 돈을 주기 전에 고민에 빠졌습니다. 결국 육신의 유혹을 이기지 못했습니다. 성령의 음성을 무시하고 땅을 판 값에서 얼마를 감춰 베드로에게 줬습니다.

아나니아가 먼저 사도 베드로를 만났습니다. 베드로는 아나니아가 성령을 속인 것을 알고 책망합니다. 아나니아는 그 즉시 죽었습니다. 세 시간 뒤 그의 아내가 베드로를 찾아왔습니다. 베드로는 자신에게 준 돈이 그 땅을 판 금액의 전부인지 삽비라에게 물었습니다. 삽비라는 그 금액이 맞다고 말했습니다. 베드로는 삽비라에게 감히 "주의 영을 시험하느냐!"라고 책망했습니다. 삽비라도 즉시 죽었습니다. 온 교회는 이 일을 듣고 크게 두려워했습니다.

3) 성령님이 떠나시는 이유

또 누구든지 말로 인자를 거역하면 사하심을 얻되 누구든지 말로 성령을 거역하면 이 세상(현재 임한 하나님 나라)과 오는 세상(완전한 하나님 나라)에도 사하심을 얻지 못하리라(마 12:32).

성령 훼방은 성도가 육신의 욕망을 따라 살 때 일어납니다. 육신을 따르는 것과 성령을 따르는 것의 범주를 정하는 것은 어려운 일이지만, 우리는 늘 고민해야 합니다.

성령의 내주 안에 있는 사람이 예수님을 부인할 수 있을까요?

만일 성령의 음성을 끊임없이 거부해 왔던 사람이라면 가능합니다. 성령께서 성도를 위해 깊은 탄식으로 기도하고 계시지만(롬 8:26), 성도가 의도적으로 성령의 음성에 귀를 막는다면 성령께서도 어쩔 수 없습니다. 성령님은 인격적이시며 성도를 강압적으로 다루시지 않기 때문입니다.

성도는 성령 안에서 새사람이 됐습니다. 영은 새롭게 됐지만, 육신은 과거 그대로입니다. 이 육신은 과거의 죄로 돌아가는 관성을 갖고 있습니다. 육신은 성령의 법, 하나님의 법을 거스르려고 합니다(롬 8:5-8). 바울은 이런 딜레마에 빠져 고민했습니다(롬 7:21-23). 성령의 법을 따르기 원하지만 정작 자신의 육신은 그것을 역행하는 모습을 보며 괴로워했습니다.

〔표 21〕 성도와 비성도의 모습

비성도	성 도	부활 후 성도
성령님이 안 계심 육신의 욕망을 따라 삶	성령의 내주 육신은 그대로, 영은 새로움 하지만, 성령을 따를 수 있음	완전한 부활 하나님의 형상 회복

왜 성도가 육신을 따라 살면 성령님은 떠나실까요?

성도의 몸은 거룩한 성전입니다. 성전이란 하나님께서 계시는 곳입니다. 하나님의 성령이 우리 안에 계시니 우리도 성전입니다. 우리는 자신의 성전을 깨끗하고 정결하게 유지해야 합니다(고전 3:16-17; 고후 6:16). 성령께서 성도 안에 머무르고 싶어도 성도가 거룩하지 못하면 떠나셔야 합니다(살전 4:7-8). 하나님의 거룩함과 육신의 부정함은 함께할 수 없기 때문입니다.

하나님은 구약 성도들을 광야로 인도하셨습니다. 그리고 성도가 언제나 성령을 따를 수 있도록 강하게 훈련하셨습니다. 성령의 음성에 순종하는 것과 하나님과 동행하는 것은 성도에게 일순위가 돼야 합니다. 성령을 거스르는 육신과 성도의 구원을 시기하는 사탄은 만만한 상대가 아닙니다. 성도는 성령님과 동행하는 것을 끊임없이 훈련해야 합니다.

바울은 옛사람을 죽이라고 했습니다. 성령을 거스르길 원하는 육신을 제어하라고 합니다(골 3:3-5). 그리스도의 사람은 자신의 육신을 십자가에 못 박고 성령을 따라 살아야 합니다.

하나님의 성령을 근심하게 하지 말라 그 안에서 너희가 구원의 날까지 인치심을 받았느니라(엡 4:30).

또한, 바울은 성령님을 근심케 하지 말라고 당부합니다. 성령님은 성도에게 구원의 인침을 주십니다. 만일 성도가 성령의 음성을 거부한다면 성령님은 떠나가십니다. 완전한 하나님의 나라는 성령님을 통해 보증받는데, 성령께서 떠나신다면 그 보증도 사라지기 때문입니다.

마지막 때 성도는 거룩한 육체로 부활합니다. 성령님이 성도를 변화시킵니다. 새 예루살렘성은 신령한 몸으로 부활한 성도만 들어갈 수 있습니다. 육신을 따르며 성령을 거스르는 사람은 새 예루살렘성 안에 들어갈 수 없습니다.

바울은 성도가 육신을 따라 산다면 약속된 나라에 들어갈 수 없다는 것을 엄히 경고합니다. 바울은 육신의 일들을 나열하며, 그 행위들은 하나님 나라의 기업을 얻지 못하는 육신의 행위라고 말해 줍니다(고전 6:9-10; 갈 5:16-21; 엡 5:5).

육신의 소욕을 따르는 삶을 살다 보면 어느 순간 성령의 음성이 들리지 않는 때가 있습니다. 이때는 자신과 하나님과의 관계를 점검해야 합니다. 하나님은 모든 성도와 함께하시며, 구원하시길 원하십니다. 하지만 성도의 성전이 거룩하지 않다면 성령님은 더 그곳에 머무르실 수 없습니다. 성령님은 우리를 떠나셔야 합니다.

복음을 먼저 들은 구약 성도 중에는 성령님의 떠나가심을 경험한 사람들이 있습니다. 우리는 구약과 같은 복음을 들었습니다. 구원의 원리도 동일하게 적용됩니다. 그렇기에 사도들은 성령님이 우리를 떠나가실 수도 있음을 경고하고 있습니다.

4) 구원과 열매

> 한 번 빛을 받고 하늘의 은사를 맛보고 성령에 참여한 바 되고 하나님의 선한 말씀과 내세의 능력을 맛보고도 타락한 자들은 다시 새롭게 하여 회개하게 할 수 없나니 이는 그들이 하나님의 아들을 다시 십자가에 못 박아 드러내 놓고 욕되게 함이라. 땅이 그 위에 자주 내리는 비를 흡수하여 밭 가는 자들이 쓰기에 합당한 채소를 내면 하나님께 복을 받고 만일 가시와 엉겅퀴를 내면 버림을 당하고 저주함에 가까워 그 마지막은 불사름이 되리라(히 6:4-8).

성도는 성령의 열매를 맺어야 합니다. 열매를 맺지 못하는 나무는 태워집니다. 성령의 열매는 영생이나, 육신의 열매는 사망입니다(롬 6:20-22). 바울은 성도도 타락할 수도 있다고 말해 줍니다. 예수님과 바울이 사용한 열매 비유는 성령의 떠나가심과 밀접하게 연결됐습니다.

잘못된 신학은 성도가 비록 육신을 따를지라도 성령께서 떠나가지 않는다고 생각합니다. 하나님의 은혜로 구원은 영원하다고 생각합니다. 외롭게 된 죄인의 딜레마입니다.

그렇다면 믿음과 행함이 일치돼야 하는 부분은 어떻게 설명할까요?

이미 임했지만, 아직 임하지 않은 하나님 나라에 존재하는 성도는 종말론적 긴장 속에 있습니다. 이 종말론적 긴장은 성도들에게 윤리적인 삶을 요구합니다. 이것은 그리스도를 닮아가도록 해 줍니다. 하지만 죄인인 동시에 의인으로 인정하는 칭의신학은 구원이 아직 완성되지 않았다는 사실을 반영하지 못합니다. 구원은 성도 안에서 성령을 통해 보장됐을 뿐 완성되지 않았습니다.

누군가 기독교인이라 자칭하며 악행을 저지른다면 어떻게 생각해야 할까요?

대중들은 이 모습을 보고 기독교를 비난합니다.

기독교가 이 사람을 죄인이지만 의인으로 인정하기 때문일까요?

하지만 복음은 성도라도 성령께서 떠나가실 수 있다고 말해 줍니다.

매스컴을 통해 보도되는 교회의 세습, 성 문제, 재정 문제는 모두 육신의 일입니다. 성령을 따른다면 나타날 수 없는 모습입니다.

그렇다면 이 문제를 일으키는 사람들은 모두 불신자들일까요?

아니면 성도들일까요?

그건 우리가 알 수 없는 일입니다. 하나님께서 판단하실 문제입니다. 하지만 성령의 열매를 맺지 못하는 나무는 결국 불태워질 것입니다.

이 세상에는 악인과 의인이 공존합니다. 육신의 사람은 성령의 사람을 비방합니다. 사탄은 성도가 구원받지 못하도록 방해합니다. 그리고 성령님은 성도를 떠나가실 수도 있습니다. 현재 임한 하나님 나라의 상황입니다.

주님이 재림하시기 전까지 성도는 성령의 열매를 맺는 삶을 살아야 합니다. 성령의 음성에 늘 세심한 주의를 기울이며 성령을 따라 살아야 합니다. 자신의 육신을 십자가에 못 박아야 합니다. 성도는 이미와 아직의 긴장 속에 있습니다.

4. 신약에 등장하는 구약 성령의 이름

신약에는 종종 구약적 표현이 등장합니다. 신약은 구약의 복음을 이어받기 때문에 구약의 표현에 익숙해지면 신약에서도 구약의 복음을 볼 수 있습니다.

신약의 사도들은 복음을 듣는 청중에 따라 다양한 성령님의 이름을 자유롭게 사용했습니다. 유대인에게 복음을 전할 때는 그들에게 친숙한 구약적 표현을 사용했습니다. 하지만 신약 성도에게는 구약 용어를 사용하지는 않았습니다. 익숙하지 않은 언어는 복음을 전하는 것에 방해가 되기 때문입니다.

사복음서와 사도행전에는 구약 성령의 이름이 자주 등장합니다. 복음의 대상이 주로 유대인이었기 때문입니다. 그리고 바울의 서신서에도 구약 성령의 이름이 자주 등장합니다. 바울이 구약의 하나님 나라를 잘 알았기 때문입니다. 바울은 이방인을 위해 성령님의 새로운 이름도 사용합니다.

1) 사자

〔표 22〕 성령을 주의 사자라 칭하는 구절

[마 1:20] [마 2:13, 19] [행 8:26, 29, 39] [행 10:3] [계 1:16, 20]

구약 성도들은 자신의 앞길을 예비하시는 성령님의 모습을 '여호와의 사자'라고 표현했습니다. 신약에서도 성령님을 같은 이름으로 사용합니다. 사자는 꿈과 환상 그리고 감동을 통해 성도들을 인도하시는 성령님의 모습입니다.

2) 주의 팔 / 주의 손

〔표 23〕 성령을 주의 팔 / 손이라 칭하는 구절

[마 12:28] [눅 11:20] [눅 1:51, 66] [요 12:38]
[행 11:21] [행 13:11] [벧전 5:6]

구약은 성부 하나님의 오른손에 성령님이 계신 것으로 묘사했습니다(합 3:4). 성령님은 구약에서 하나님의 오른손, 편 팔 등으로 불렸습니다. '하나님의 손' 성령께서 하나님의 일을 하시기 때문입니다.

신약성경에도 성령 충만한 구약 사람이 나옵니다. 그들은 누가복음에 등장하는 사가랴와 그의 아내 엘리사벳 그리고 시므온입니다. 제사장이었던 사가랴와 그의 아내는 성령에 충만했고, 성령의 법을 지킨 의인입니다(눅 1:6).

사가랴와 엘리사벳 사이에는 아이가 없었습니다. 하나님은 아브라함 때와 같이 그들에게 자손을 약속하셨습니다. 그 약속의 아이는 세례 요한입니다. 세례 요한은 예수님의 오심을 준비한 마지막 선지자입니다.

예수님의 어머니 마리아는 엘리사벳과 사촌지간이었습니다. 마리아는 임신 중인 엘리사벳을 방문했습니다. 이때 엘리사벳은 마리아가 메시아를 잉태한 것을 예언했습니다(눅 1:41-42). 마리아는 엘리사벳의 예언을 듣고 찬가를 불렀습니다. 이 찬가에서 구약 성령의 이름 '하나님의 손'이 등장합니다(눅 1:51, 66). 그녀는 자신에게 친근한 성령님의 이름을 이 노래에 인용했습니다.

3) 말씀 / 새로운 표현

사도행전에서는 성령님을 '말씀'이라고 표현합니다(행 18:5). 이것은 구약적 표현이 사복음서와 사도행전에서 주로 쓰였다는 것을 다시 상기시켜 줍니다. 이 외의 복음서에서는 성령님의 이름을 '보혜사'(요 14:16; 요 15:26; 요 16:7), '약속하신 것'(눅 24:49; 행 1:4; 행 2:33), '선물'(행 2:38; 행 8:20) 등으로 부릅니다.

보혜사는 성령께서 성도들을 돌보시는 모습을 표현한 것입니다. 성령님은 구약의 광야에서 이스라엘을 돌보셨듯 신약 성도들과 함께하십니다. 성령님을 약속하신 것으로 부르는 이유는 '구약의 언약'과 관련있습니다. 언약 속 아브라함에게 약속하신 복은 성령님입니다. 신약 성도는 언약을 통해 성령님(아브라함의 복)을 받습니다(갈 3:14). 복음은 언약과 아브라함의 복 그리고 성령님을 통해 하나님 자녀 되는 방법을 알려 줍니다.

4) 바울이 사용한 표현

〔표 24〕 바울이 성령을 부른 표현

> 하나님의 영, 그리스도의 영 [롬 8:9]
> 양자의 영 [롬 8:15]
> 아들의 영 [갈 4:6]

바울은 이방인의 사도입니다. 바울은 이방인들에게 낯선 구약적 표현을 자제합니다. 바울은 이방인들이 복음을 쉽게 이해하도록 성령님의 이름을 그대로 부르거나 새로운 표현을 만들어 사용했습니다. 바울은 성령님을 '양자의 영, 아들의 영' 등으로 표현했습니다. 이방인에게 적합한 성령님의 이름입니다.

> 그 때에 너희는 그리스도 밖에 있었고 이스라엘 나라 밖의 사람이라 약속의 언약들에 대하여는 외인이요 세상에서 소망이 없고 하나님도 없는 자이더니(엡 2:12).

바울은 이방인에게 그들이 복음의 외인이었다는 것을 상기시켜 줍니다. 구약 성도들이 하나님의 양자였던 것처럼, 신약 성도들도 하나님께 입양됐습니다. 이스라엘과 이방인 모두 하나님의 양자입니다. 모두 '양자의 영'을 받아 하나님을 아빠 아버지라 부르게 됐습니다(롬 8:15; 갈 4:6-8).

〔표 25〕 사도들이 이해한 하나님 나라

> 사도들은 구약의 하나님 나라를 잘 이해했습니다. 그래서 복음서와 바울 서신서에는 구약 성령의 이름이 자주 나옵니다. 신약이 선택한 열두 제자와 유대인 바울이 이해한 하나님의 나라는 동일 했습니다. 사도들은 신구약을 하나로 봤습니다. 사도들이 전한 복음은 하나님 나라가 능력으로 임했습니다.

5. 신구약에 임한 하나님 나라

이 책이 기존의 기독교 교리와 다른 점은 아래와 같습니다.

〔표 26〕 이 책의 신학적 관점

> ① 하나님 나라는 구약에서 시작됐다.
> ② 구약 성도도 하나님 나라에 참여했다.
> ③ 성령은 구약 성도 개개인에게 내주하셨다.
> ④ 신약은 구약의 복음(하나님 나라)을 이어받았다.
> ⑤ 구약 시대부터 소수의 이방인에게 복음의 기회가 주어졌다.
> ⑥ 구약과 신약의 언약은 동일하다.
> ⑦ 예수 그리스도는 개개인의 구원을 위해 오신 것도 맞지만, 하나님 나라의 차원에서 구약과 신약 성도의 연합을 위해 오셨다.
> ⑧ 성도들이 받을 기업인 새 예루살렘성은 상징이 아닌 실제이며, 지금 하나님이 계신 장소다.
> ⑨ 완성된 하나님 나라는 구약과 신약 성도에게 동일하게 주어진 하나님 나라의 약속된 기업이다.
> ⑩ 구약 성도가 성령의 음성을 거부하여 구원을 잃은 것과 같이, 신약의 성도도 성령의 음성을 거스른다면 언제든지 하나님 나라를 잃어버릴 수 있다.
> ⑪ 종말론적 관점은 역사적 전천년주의에 가까운 '수정된 역사적 전천년주의'이다.

지금까지 이 책에서 강조한 것은 성령께서 구약 성도 개개인에게 내주하셨다는 점입니다. 그것을 밝히기 위해 구약성경에 나타난 성령의 다양한 이름을 찾아봤습니다. 그리고 신구약의 언약 내용이 하나님의 약속 안에서 '하나님의 자녀 됨'이라는 것을 알아봤습니다.

하나님의 자녀는 언약의 약속대로 기업을 받습니다. 이 기업은 '새 하늘과 새 땅' 그리고 '새 예루살렘성'입니다. 신구약 성도 모두 새 예루살렘성을 함께 받게 될 것입니다.

기존 신학들은 구약과 신약의 하나님 나라를 구분했습니다. 하지만 구약과 신약에 임한 하나님 나라는 동일합니다. 하나님 나라는 구약에서 시작됐습니다. 구약의 복음은 예수님의 십자가를 통해 신약으로 이어집니다. 한 언약, 한 성령, 한 복음 안에서 구약과 신약교회는 하나님의 자녀가 됩니다.

하나님의 자녀는 성령의 열매를 맺습니다. 성령의 법을 지키는 것이 성령의 열매를 맺는 방법입니다. 성령의 법은 율법과 계명보다 크며, 하나님을 사랑하며 내 이웃을 사랑하는 마음으로 행하는 모든 마음과 행동입니다. 성령의 법을 따르기 위해선 성령님의 세밀한 음성에 귀를 기울이어야 합니다. 그리고 순종해야 합니다. 구약 성도는 성령의 법에 순종했습니다. 성령과 친밀한 관계를 유지했습니다. 그들이 부르던 다양한 성령님의 이름은 이것을 증명해 줍니다.

성도가 육신의 욕망을 따른다고 해서 절대적으로 성령을 훼방하는 것은 아닙니다. 성도가 성령님의 음성을 지속해서 거부한다면 자신의 거룩함을 상실해 갈 것입니다. 하나님보다 세상에 가까워집니다. 성도가 성령을 거스른다면 거룩한 성전이 될 수 없습니다. 성령님은 그곳에 머무르실 수 없습니다. 떠나가셔야 합니다. 빛과 어둠은 함께할 수 없습니다. 성령님에게 이러한 떠나감은 선택 사항이 아닌 자연스러운 결과입니다.

 육신의 욕망을 따르기는 쉽습니다. 익숙하던 죄의 모습으로 돌아가면 됩니다. 성도가 죄의 본성으로 회귀하면 하나님과 멀어지게 됩니다. 점점 그 거리가 멀어지다 보면 희미하게 들리던 하나님의 음성조차 들리지 않게 됩니다. 육신의 욕망에 빠진 채 성령께서 떠나가신 지 모를 수도 있습니다.

 이 책이 구약의 성령을 자주 강조하다 보니 구약의 성령과 신약의 성령을 구분 짓는 것처럼 보일 수도 있습니다. 하지만 구약의 성령님과 신약의 성령님은 다르지 않습니다. 성령님은 한 분이십니다. 단지, 구약에서는 아버지 하나님의 이름으로 오셨고, 신약에서는 예수님의 이름으로 오셨을 뿐입니다. 성부 하나님은 자신의 모든 권세를 아들 예수님께 주셨습니다. 성령 사역과 관련된 모든 권세도 예수님에게 주셨습니다. 이 세상은 현재 '예수 그리스도의 나라'이며 장차 '아버지의 나라'가 됩니다. 하나님 나라가 하나라는 본질에 주목해 주시길 바랍니다.

〔표 27〕 하나님 나라의 개념

*신구약은 모든 복음의 개념을 공유합니다.		
구약의 표현	신약의 표현	설명
계명, 명령, 규례, 율례, 하나님의 법 주의 법 여호와의 도	그리스도의 법 온전한 율법 자유롭게 하는 율법 성령의 법 하나님의 법	하나님 나라의 백성들은 성령께서 함께하십니다. 성령의 사람들은 성령의 법을 지키는 하나님의 자녀입니다.
마음과 귀의 할례	성령의 내주	그리스도 안에서 하나님과 연합한 백성들은 성령의 내주와 함께 하나님의 통치에 참여합니다.
이스라엘 백성	하나님의 이스라엘	성경은 그리스도를 통해 하나 된 구약과 신약 백성들을 '온 이스라엘'이라고 부릅니다 (롬 11:26).
열매	성령의 열매	열매는 영생과 관련 있습니다. 성령의 사람이 성령의 열매를 맺는 것은 자연스러운 일입니다. 이 열매는 성도에게 주어질 생명나무의 열매를 뜻하기도 합니다.
기업 / 땅 장막 / 주의 성전 하나님의 성소 주의 집 분깃 / 유업	기업 거룩한 나라 하나님 나라의 유업 새 예루렘성	요한계시록에 계시된 '새 하늘과 새 땅' 그리고 '새 예루살렘성'은 모든 성도가 받게 될 상급, 하나님 나라의 기업입니다.

사자 말씀 손 / 팔 독수리 날개 목소리 여호와의 영 하나님의 영 여호와의 권능	사자 말씀 손 / 팔 독수리 날개 하나님의 영 양자의 영 아들의 영	구약이 사용한 성령의 다양한 표현은 신약에서도 똑같이 쓰입니다. 사도들은 복음을 듣는 청중에 따라서 성령님의 이름을 적절히 선택해 사용했습니다.
성도		성도는 열매 맺는 하나님 나라의 백성입니다. 완성된 하나님 나라에 존재하는 새 예루살렘 성 안에 들어갈 권세를 받은 자들입니다.
비성도		성령의 음성을 듣지 못하거나 거스른 사람들입니다. 이들은 하나님 나라에 들어가지 못합니다.
무엇을 믿는가?		복음은 하나님께서 약속하신 언약의 신실함을 믿는 것을 요구합니다. 하나님의 언약은 예수 그리스도를 통해 세상이 통치되며, 우리가 하나님 자녀 되는 것을 포함합니다.
구원이란 무엇인가?		예수 그리스도를 믿으면 성령의 선물을 받습니다. 성령님은 성도에게 구원을 보증합니다. 그 보증은 예수님의 재림 때 이뤄집니다. 하지만 이 보증은 영원하지는 않습니다. 성령께서 성도를 떠나가시면 그 보증도 사라지기 때문입니다.
교회란 무엇인가?		교회란 하나님의 통치와 하나님과 성도의 교제가 이뤄지는 곳입니다.
율법이란 무엇인가?		율법이란 하나님께서 인류에게 주신 선의 기준입니다. 율법은 우리에게 죄를 깨닫게 해주며 예수님에게 인도해 줍니다. 예수님을 믿은 후 성도는 성령의 법을 지켜야 합니다. 율법은 성령의 법을 견고히 세워주는 역할을 합니다. 성도는 성령 안에서 율법을 지켜야 합니다.
죄란 무엇인가?		죄는 하나님과 우리가 단절시킵니다. 육신을 따랐을 때 생기는 결과입니다. 성령의 음성을 거스르는 행위는 모두 죄입니다.

제6장

바울이 꿈꾼 하나님 나라

1. 바울의 회심

〔표 28〕 스데반의 설교

사도행전 7장	
38절	구약의 광야교회는 구약의 하나님 나라
39-43절	성령을 따르지 않고 육신을 따른 이스라엘
44-50절	이 땅의 증거장막은 땅의 것
51절	38-50절의 이스라엘은 성령을 따르지 않고 땅의 것을 추구하여 육신을 따름

스데반은 초대교회의 집사입니다. 사도행전 7장에 나오는 스데반의 설교를 깊이 살펴보면 스데반이 구약을 잘 알고 있었다는 것을 알게 됩니다. 이 설교에서 주목해야 할 곳은 세 곳입니다.

첫째, 구약의 광야 교회입니다.

스데반이 이 설교에서 전제하는 것은 구약에 임한 하나님 나라입니다. 이 광야 교회는 구약 성도들이 성령과 더불어 누린 하나님 나라기 때문입니다.

둘째, 스데반이 증거 장막을 언급한 대목입니다.

이스라엘 백성은 성막과 함께 광야를 행진했습니다. 솔로몬이 건축한 성전도 언급됩니다. 하지만 하나님은 사람의 손으로 지은 곳에 계시지 않는다고 말해 줍니다.

셋째, 구약 성도가 성령을 거스른 육신의 행적을 나열한 대목입니다.

비록 구약 성도가 언약에 참여했을지라도 육신을 따르는 삶을 버리지 못했다면 언약에서 배제됩니다. 스데반은 과거 육신을 따랐던 조상들이 광야에서 무너진 것처럼 신약의 유대인이 그 행적을 따르고 있다고 지적합니다. 청중들은 자신을 모욕한 스데반에게 돌을 던져 죽였습니다. 그 곁에 바울도 있습니다. 바울은 스데반이 돌에 맞아 죽은 것을 마땅하게 여겼습니다.

스데반의 설교를 들은 청중들은 어떤 마음이 들었기에 돌을 던져 스데반을 죽이기까지 했을까요?

그들은 분명 분노를 느꼈을 것입니다. 왜냐하면, 자신들은 율법과 각종 전통을 잘 지키는 하나님의 자녀라고 생각했기 때문입니다. 스데반의 일침은 그들의 이성을 잃게 만들었습니다.

스데반의 설교를 요약해 보겠습니다. 스데반이 언급한 광야교회는 당시에 하나님 나라가 임했다는 것을 알려 줍니다. 하지만 이스라엘 중 다수는 성령을 따르지 않았습니다.

　이스라엘 백성이 성막과 성전에서 제사를 지냈어도 성령을 따르지 않았다면, 하나님 나라에 참여할 수 없었습니다. 증거 장막을 언급 후 성령의 거스르고 있다고 말한 것은, 증거 장막은 땅의 것이며 땅의 것을 추구하는 것은 육신을 따르는 행위라는 것을 알려 줍니다. 그래서 스데반은 청중들에게 조상과 같이 땅의 것을 따르고 있다고 지적했습니다.

　스데반이 구약의 하나님 나라를 깊이 이해했기 때문에 가능한 설교입니다. 회심하기 전 바울은 스데반이 언급한 육신의 사람이었습니다. 그 당시 바울은 스데반의 설교를 이해할 수 없었습니다. 하지만 예수님을 만난 후 구약과 신약에 임한 하나님 나라를 깨닫게 됐습니다. 바울의 서신서에는 이 스데반의 설교가 항상 배어 있습니다.

> 또한 모세는 장래에 말할 것을 증언하기 위하여 하나님의 온 집에서 종으로서 신실하였고 그리스도는 하나님의 집 맡은 아들로서 그와 같이 하였으니 우리가 소망의 확신과 자랑을 끝까지 굳게 잡고 있으면 우리는 그의 집이라 그러므로 성령이 이르신 바와 같이 오늘 너희가 그의 음성을 듣거든 광야에서 시험하던 날에 거역하던 것 같이 너희 마음을 완고하게 하지 말라 거기서 너희 열조가 나를 시험하여 증험하고 사십 년 동안 나의 행사를 보았느니라 그러므로 내가 이 세대에게 노하여 이르기를 그들이 항상 마음이 미혹되어 내 길을 알지 못하는도다 하였고 내가 노하여 맹세한 바와 같이 그들은 내 안식에 들어오지 못하리라 하였다 하였느니라(히 3:5-11).

바울은 히브리서 3장에서 모세와 그리스도를 대조합니다. 모세는 하나님께서 맡겨 두신 집의 종이며, 그리스도는 그 집의 아들입니다. 모세는 땅의 것을 의미하며, 그리스도는 하늘의 것입니다. 모세는 스데반이 언급한 광야의 성막과 솔로몬이 지은 성전이며, 그리스도는 하늘의 새 예루살렘성입니다. 또한, 바울은 스데반과 같이 성령의 음성을 거역하지 말라고 당부합니다(히 3:8; 4:7).

〔도표 20〕 땅의 것과 하늘의 것

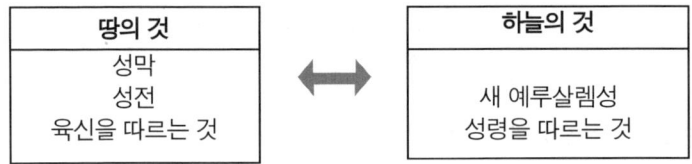

스데반을 비롯한 예수님의 제자들과 바울은 언제나 이 두 가지를 대조했습니다. 그리고 하늘의 것을 추구하며 성령을 따르길 권면합니다.

혹자는 예수께서 전하신 하나님 나라의 복음과 바울의 복음이 다르다고 말하기도 합니다. 또한, 바울은 회심 후 뚜렷한 하나님 나라에 대한 신학 체계를 갖추지 못했다고 생각하기도 합니다. 하지만 바울은 회심 후 즉시 구약과 신약에 임한 하나님 나라의 본질을 알게 됐습니다.

이번 장에서는 예수님이 전하신 하나님 나라의 복음과 바울이 전한 하나님 나라의 복음이 같다는 것과, 바울이 거부했던 것이 진정 무엇이었는지 알아보겠습니다. 일반적으로 바울이 회심 후 구약의 모든 것을 거부했다고 생각합니다. 구약의 율법과 옛 언약은 무용하기 때문에 새 언약이 필요했다고 생각합니다. 하지만 바울과 예수님이 거부했던 것은 구약이 아니었습니다. 바울이 거부했던 것은 성도가 하늘의 것을 보지 못하게 막는 땅의 것과 성령의 음성을 거부하는 육신의 욕망이었습니다.

2. 바울이 버린 것

구약보다 신약을 특별하게 여기는 사람은 예수님과 바울이 전하는 메시지도 신약을 중심으로 바라봅니다. 예수님과 바울이 전했던 하나님 나라는 구약을 더 쓸모없는 것으로 여겼다고 오해할 수 있습니다. 하지만 예수님과 바울이 거부했던 것은 구약이 아니었습니다.

1) 예수님이 꾸짖는 대상

〔표 29〕 예수께서 꾸짖는 대상의 이름

외식하는 자들 (마 7:5)	회칠한 무덤 (마 23:27)	열매 맺지 못하는 땅 (마 3:10; 마 7:18)
예복을 입지 않은 사람 (마 22:11)	무익한 종 (마 25:30)	전통을 지키며, 계명을 버린 자들 (막 7:9)

예수님이 전하셨던 복음은 신약에서 새롭게 시작된 것이 아닙니다. 구약의 복음입니다. 예수님은 구약의 복음을 잘 이해하지 못한 이스라엘에게 하나님 나라의 원리를 다시 설명해 주셨습니다. 스데반의 설교를 듣고 분노했던 사람들과 같이 예수께서 복음을 전하는 것을 싫어하는 사람도 있었습니다.

예수님은 주로 바리새인과 서기관들을 꾸짖었습니다. 그들은 스스로 율법과 전통을 잘 지키는 아브라함의 자손이라고 생각했기 때문입니다. 하지만 그들 속에는 하나님을 사랑하는 마음이 없었습니다(요 5 :42).

오직 언약 안에 머무는 사람이 아브라함의 자손입니다. 언약 안에 머물기 위해선 하나님을 사랑하고 그 사랑으로 성령의 열매를 맺어야 합니다. 외식하는 자, 회칠한 무덤, 열매 맺지 못하는 땅 등은 사랑 없이 자신의 행위를 의지하며 스스로 하나님의 자녀라고 여기는 육신의 사람을 일컫는 말입니다.

2) 바울이 배설물로 여기는 것

하나님께서 죄인을 의롭다고 칭하는 것을 신학적 용어로 '칭의'라고 합니다. 바울이 기술한 신약 서신서는 이 칭의를 뒷받침하는 가장 든든한 버팀목이 됩니다. 칭의의 주된 내용은 2가지입니다. 율법과 제사로는 의로움을 얻을 수 없다는 것과, 오직 믿음으로 의로움을 얻을 수 있다는 것입니다.

칭의를 중요하게 생각하는 개신교는 칭의를 거부하는 천주교를 배설물로 여깁니다. 구약도 천주교와 동급 취급합니다. 바울도 회심 후 자신이 속했던 옛 언약의 모든 것을 배설물로 여겼다고 생각합니다. 하지만 바울이 거부했던 것은 구약이 아니었습니다. 바울이 부정했던 것은 율법도 아니었습니다. 바울이 배설물로 여겼던 것은 육신을 따라 행했던 자신의 과거였습니다.

〔표 30〕 바울이 책망하는 대상의 이름

율법의 행위에 속한 자 (갈 3:10; 4:21)	육체를 따라 난 자 (갈 4:29)	율법 안에서 의로움을 얻으려는 자 (갈 5:4)	육체의 모양을 내려는 자 (갈 5:12)
불의한 자 (고전 6:9)	우상 숭배하는 자 (고전 10:7, 14; 2:2)	귀신과 교제하는 자 (고전 10:19)	음행하는 자, 더러운 자, 탐하는 자, 곧 우상 숭배 하는자 (엡 5:5)
세상의 풍조를 따름 (엡 2:2)	본질상 진노의 자녀 (엡 2:3)	이방인 (엡 2:11)	옛 사람 (엡 4:22)

바울은 육신을 따르는 자를 다양하게 부르고 있습니다. 갈라디아서에서는 율법에 속한 자라 자주 언급하며, 고린도전서에서는 우상을 숭배하는 자들로, 에베소서는 이방인이라 표현합니다.

바울은 율법 자체를 부정하거나 쓸모없는 것으로 생각하지 않았습니다. 실상은 율법의 행위를 통해 의로움을 얻으려는 사람을 비난했습니다. 바울은 회심 전 자신을 할례파라고 불렀습니다. 팔일 만에 할례를 받았으며 이스라엘 족속이며 베냐민 지파이며 히브리인이면서 바리새인이었습니다. 율법의 행위로는 흠잡을 것이 없었습니다. 하지만 바울은 그 모든 것을 배설물로 여겼습니다. 이것은 땅의 것이며 육신의 것이기 때문입니다 (빌 3:3-9).

고린도전서에서 육체의 행위를 우상 숭배라고 표현하는 것은 구약적 의미가 담겨있습니다. 하나님은 구약 이스라엘에게 우상 숭배하는 것을 피하라고 했습니다. 우상 숭배란 하나님이 아닌 다른 신을 섬기는 것입니다. 우상 숭배는 육신의 노예가 되는 것입니다. 하나님이 아닌 다른 것을 사랑하는 것입니다. 우상은 시대가 변해도 그 시대의 가면을 쓰고 우리를 유혹합니다. 마약, 정욕, 돈 등 사탄의 권세에 속한 것들입니다. 우상 숭배는 사탄을 사랑하는 것입니다.

에베소서는 육신을 따르는 자를 이방인이라고 표현합니다. 이방인은 원래 이스라엘 사람이 아닙니다. 우상을 따르는 육신의 사람들이었습니다. 하지만 하나님 나라의 복음은 신약 시대에 다수의 이방인에게 전해졌습니다. 바울은 이방인들에게 옛사람의 모습을 버리고 새 사람의 삶을 살기를 강권했습니다.

바울은 하나님이 우리를 부르신 이유가 성령을 따라 사는 것에 있음을 늘 상기시켜 줍니다. 육신을 따르는 것은 옛사람으로 회귀하는 것이며, 사탄의 권세에 다시 참여하는 것입니다.

바울은 회심 후 자신의 과거가 육신을 따르던 삶이었음을 깨닫게 됩니다. 스데반과 예수님의 설교가 진정한 하나님 나라의 복음이었다는 것을 알게 됩니다. 그래서 바울은 육신에 속한 사람들이 무슨 생각을 하고 있는지 잘 알고 있습니다. 그래서 바울은 이방인의 사도에 적합합니다. 이 배설물로 여긴 것을 통해 의로움을 얻으려는 사람들에게 복음의 비밀을 전해 줬습니다.

3. 바울과 선물

> 예수께서 대답하여 이르시되 네가 만일 하나님의 선물과 또 네게 물 좀 달라 하는 이가 누구인 줄 알았더라면 네가 그에게 구하였을 것이요 그가 생수를 네게 주었으리라(요 4:10).

> 베드로가 이르되 너희가 회개하여 각각 예수 그리스도의 이름으로 세례를 받고 죄 사함을 받으라 그리하면 성령의 선물을 받으리니(행 2:38).

예수님과 사도들은 성령님을 종종 '선물'이라 표현했습니다. 선물에는 어떤 의미가 있길래 그렇게 표현했을까요?

우선 선물은 대가 없이 받습니다. 받는 사람은 어떤 값도 지불할 필요가 없습니다. 예수께서 십자가에서 달리신 것은 대가 없는 사랑의 선물입니다.

또 하나 중요한 선물의 의미가 있습니다. 바로 '차별이 없음'입니다. 하나님은 유대인이나 헬라인이나 차별 없이 성령을 선물로 주셨습니다. 이 차별이 없음은 구약의 성도들에게 함께하신 성령이 신약의 성도들에게 또한 임했다는 뜻입니다. 바울은 '유대인이나, 헬라인이나 차별이 없는'을 그 뜻으로 사용했습니다.

바울은 구약의 복음이 신약으로 전해졌다는 것을 설명하기 위해 아브라함의 복을 언급합니다. 아브라함의 복은 하나님의 언약 안에서 하나님의 자녀가 되는 것입니다. 이 아브라함의 복 안에서 유대인과 이방인이 하나가 됐습니다. 그 복은 바로 성령을 통해 이뤄졌습니다.

〔도표 21〕 아브라함의 복의 확장

아브라함의 복	성령	선물	은혜	신령한 복/은사	영원한 생명	기업 / 새 하늘과 새 땅

바울은 '선물'의 개념을 예수와 사도들의 신학의 연장선으로 확장합니다. 위의 아브라함의 복과 성령 그리고 선물, 은혜, 신령한 은사, 영원한 생명 그리고 새 하늘과 새 땅 모두 유기적으로 결합됐습니다.

제1장 [복음의 시작]에서 언급했듯이 아브라함은 할례 전이나 할례 후나 믿음을 따르는 성령의 사람이었습니다.

성령 안에서 유대인이나 이방인의 조상이 됐습니다. 하나님의 자녀가 되면 할례나 무 할례나 중요하지 않습니다. 오직 새로 지으심 받은 것이 중요합니다(갈 6:15).

바울은 성령님을 선물이라 부르며 유대인들에게 값 없고 차별 없는 하나님의 은혜를 전달했습니다.

복음과 언약에 대해서 외인인 이방인에게 성령님은 정말 선물과 같은 존재입니다. 또한, 바울은 각 교회의 성도들이 신령한 복과 은사 안에 머물기를 소망합니다. 이 신령한 은사는 성령의 열매를 맺으며 하나님 나라를 충만하게 누리게 해 줍니다. 육신의 사람이었던 성도는 더이상 땅의 것을 추구하지 않습니다. 땅에 살지만, 하늘의 신령한 것을 사모합니다.

하나님의 자녀 된 성도는 영원한 생명과 새 하늘과 새 땅을 보장 받습니다. 성도에게 약속된 영원한 기업입니다. 그래서 아브라함의 복의 종착역은 새 예루살렘성이 되는 것입니다. 하나님의 선물은 이스라엘에게만 국한된 특권이 아닙니다. 선물은 모든 인류에게 차별이 없이 주시는 하나님의 은혜가 담긴 표현입니다.

▶ **선물에 대한 오해**

하나님은 구약 성도에게 주셨던 성령의 선물을 신약 성도에게도 차별 없이 주셨습니다.

예수님은 집을 나간 아들의 비유에서, 품삯 받는 달란트 비유에서 그것을 설명해 주셨습니다. 하지만 성령의 선물을 신약 성도만 받는 특권으로 오해하는 사람도 있습니다. 성령님은 모두 함께 받는 선물입니다.

바울은 로마서에서 이스라엘의 넘어짐이 이방인에게 큰 축복이라고 말합니다. 바울은 이것을 복음의 비밀이라고 표현합니다. 그리스도 예수 안에서 이스라엘과 이방인이 하나가 되는 것입니다. 이스라엘 모두가 언약에 순종하지 않았던 것을 우리는 감사해야 합니다.

  하나님의 복음과 그 계시의 비밀은 시대가 흐르며 점점 선명해집니다. 창세기에서 시작된 하나님 나라의 복음이 현재 우리의 시대로 전해졌습니다. 이 복음의 비밀은 이스라엘과 이방인이 하나가 되는 것을 넘어, 온 땅과 하늘이 그리스도 안에서 하나가 되는 것으로 완성됩니다. 성경을 이것을 그리스도 안에 있는 '속량'이라고 표현합니다. 하나님의 선물은 값없고 차별 없는 그리스도 안에 있는 속량입니다.

4. 하늘의 것

  우리는 모세가 이스라엘 자손들에게 장차 없어질 것의 결국을 주목하지 못하게 하려고 수건을 그 얼굴에 쓴 것 같이 아니하노라 그러나 그들의 마음이 완고하여 오늘까지도 구약을 읽을 때에 그 수건이 벗겨지지 아니하고 있으니 그 수건은 그리스도 안에서 없어질 것이라 오늘까지 모세의 글을 읽을 때에 수건이 그 마음을 덮었도다 그러나 언제든지 주께로 돌아가면 그 수건이 벗겨지리라(고후 3:13-16).

1) 모세의 수건

모세는 이스라엘을 이끌고 애굽을 빠져나왔습니다. 그리고 시내 산에 도착했습니다. 모세는 이스라엘을 두고 홀로 시내 산에 올라갔습니다. 하나님의 계명을 받기 위해서입니다. 모세가 산에서 내려왔을 때, 얼굴에서 빛나는 광채가 나타났습니다. 이스라엘은 모세의 얼굴을 보고 몹시 놀랐으며, 경이롭다고 생각했습니다. 모세는 자신의 얼굴을 수건으로 가렸습니다. 이스라엘이 하늘의 것이 아닌 땅의 것에 눈 돌릴 것을 염려했기 때문입니다.

모세의 빛난 얼굴은 땅의 것입니다. 장차 없어질 것에 속합니다. 인간의 본성은 땅의 것을 추구합니다. 모세가 자신의 얼굴을 가렸던 수건은 인간의 마음을 덮습니다. 하늘의 것을 보지 못하게 합니다. 하지만 그 수건은 언제든지 그리스도 안에서 벗겨집니다. 수건을 벗으면 하나님의 영광, 하늘의 것을 사모할 수 있습니다.

바울은 모세처럼 성도에게 하늘의 것을 추구하라고 당부합니다. 성도는 과거 세상에 속한 죄의 자녀였습니다. 땅에 속한 육신의 사람이었습니다. 하지만 더는 육신과 이생의 것에 마음을 둬선 안 됩니다. 땅의 것은 육신에 머물게 하며 다시금 죄의 노예로 전락시킵니다. 성도는 새 사람이 됐으니 하늘의 것을 마음에 품고 살아야 합니다. 그리스도 안에서 하나님의 형상을 회복해야 합니다.

2) 하늘의 제사장

구약 이스라엘은 열두 지파로 이뤄져 있습니다. 이 중 레위 지파만이 제사장이 될 수 있습니다. 이들은 성막과 성전을 섬기며 제사를 지내는 특별한 지파입니다. 제사장은 성도의 죄를 대신해 동물을 속죄 제물로 삼아 제사를 지냈습니다. 하지만 성경은 양이나 소의 피로써 인간의 죄를 깨끗이 할 수 없다고 명시합니다. 오직 예수 그리스도의 피로써 속죄받을 수 있습니다. 구약의 제사와 제사장은 땅의 것이기 때문입니다.

예수님은 땅의 모형이 가리키는 실체입니다. 예수님은 이 땅에 오셔서 대제사장이 되셨습니다. 구약 어린양의 피는 예수님의 피를 가리키는 모형이었습니다. 예수님의 피는 영원한 하늘의 제사를 온전케 합니다. 예수께서 성령으로 드리신 제사는 구약의 제사와 다릅니다. 구약의 제사는 죄를 깨닫게 해주는 기능이 있을 뿐 영원한 효력은 없습니다. 하지만 예수님의 제사는 단 한 번으로 우리의 죄를 해결해 주셨습니다.

현재 예수님은 새 예루살렘성 안의 성전 안에 계십니다. 성도의 영원한 대제사장이 되시며 구원의 반석이 되십니다. 예수께서 계시는 새 예루살렘성과 성전은 하늘의 실체이며 복음의 본질에 해당합니다. 구약의 제사장과 제사는 땅의 것입니다. 땅의 것은 성도를 하늘의 것으로 인도해 주는 등불입니다.

이제 성도는 예수님과 같은 제사장입니다. 성령 안에서 하늘의 보좌 앞에 담대히 나아가 성부, 성자 하나님과 교제할 수 있습니다. 성령 안에서 거룩한 성전이 됐으며 하나님이 계시는 거룩한 장소, 하나님의 나라가 됐습니다. 예수님은 화목제물이 되셔서 이스라엘과 이방인을 하나 되게 하셨습니다. 또한, 온 세상이 그리스도 안에서 화목하게 될 것입니다. 성도는 복음을 듣지 못한 사람들에게 하나님 나라를 전하는 예수님의 직분을 이어받아야 합니다.

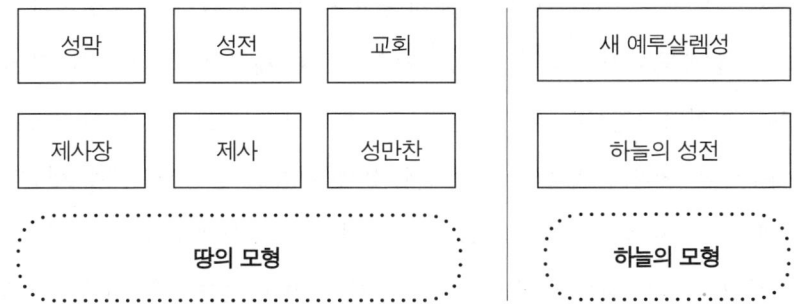

〔도표 22〕 땅의 모형과 하늘의 모형

그렇다면 구약에서 사용된 땅의 것들은 아무런 효능이 없었을까요?

아닙니다. 땅의 것은 하늘의 것을 바라보게 하는 역할을 했습니다. 하지만 땅의 것으로만 하늘의 것에 다다를 수 없습니다. 땅의 것을 통해 하늘의 것을 보게 될 때 그 가치가 발휘됩니다.

구약 이스라엘 백성은 율법 의식에 따라 제사를 지냈습니다. 제사장은 하나님과 이스라엘 백성들을 이어주는 중재자였습니다. 이스라엘은 광야를 행진할 때 성막에서 제사를 지냈고, 이후에는 성전에서 제사를 지냈습니다. 예수님이 오신 후 제사 의식은 사라졌습니다. 이 제사가 아무런 효과가 없어서 그런 게 아닙니다.

구약의 것들은 구약의 때에 유용하게 사용됐습니다. 복음을 이루는 데 아무런 제약이 없습니다. 성막이 성전을 거쳐 오늘날 교회가 됐습니다. 성막과 성전이 불완전한 게 아닙니다. 교회도 결국 땅의 모형이기 때문입니다.

성막, 성전, 교회는 땅의 모형입니다. 하늘의 것은 새 예루살렘성입니다. 땅의 모형은 시대에 따라 알맞게 변형됩니다. 땅의 모형은 성도가 하늘의 원형에 들어오도록 도와주는 도구입니다. 제사장과 제사 그리고 성만찬도 마찬가지입니다.

예수님은 구약의 것들의(율법, 제사, 성전) 기능을 부인하지 않으셨습니다. 예수님은 이것들을 신약 성도에게 맞춰 하늘의 실체에 닿을 수 있도록 개선하셨습니다. 제사와 성전은 구약의 때에 잘 쓰였습니다. 이제 더이상 제사와 성전은 필요하지 않습니다. 예수님이 대제사장으로써 하늘의 성전에 계시기 때문입니다. 반면, 율법의 기능과 역할은 구약에서 신약으로 이어집니다.

땅의 것은 시대에 따라 하늘의 것을 위해 사용됩니다. 지속해서 사용되기도 하며 새롭게 바뀌기도 합니다. 과거 성막이 성전이 되고 현재 교회가 되는 것과 같습니다. 이전에 쓰였던 것을 다시 쫓을 필요는 없습니다. 땅의 것을 추구하던 이스라엘은 율법과 자신들의 전통을 통해 하나님의 자녀가 될 것이라는 착각에 빠졌습니다. 본질과 비본질을 착각하면 땅의 것을 더 추구하게 됩니다. 가톨릭 또한 구약과 같은 오류에 빠지게 됐습니다. 교회와 교황의 권위는 하나님 나라의 본질을 앗아갔습니다. 우리는 분별력 있는 신앙으로 본질을 꿰뚫어야 합니다.

5. 출애굽과 십자가

1) 출애굽과 십자가

출애굽 사건과 구약 성령의 이름인 '하나님의 손'은 밀접한 관련 있었습니다. 하나님의 손이 이스라엘 백성을 구원했습니다. 출애굽 사건은 구약에서 이스라엘 백성의 구원을 언급할 때 자주 사용됩니다. 구약은 이 출애굽 사건과 이스라엘의 구원을 '속량'이라 표현합니다. 구약이 출애굽을 통해 이스라엘의 속량을 보여 주는 것처럼, 신약은 십자가를 통해 성도의 구원을 보여 줍니다.

> 율법 아래에 있는 자들을 속량하시고 우리로 아들의 명분을 얻게 하려 하심이라(갈 4:5).

> 이로 말미암아 그는 새 언약의 중보자시니 이는 첫 언약 때에 범죄한 죄에서 속량하려고 죽으사 부르심을 입은 자로 하여금 영원한 기업의 약속을 얻게 하려 하심이라(히 9:15).

〔도표 23〕 그리스도의 속량

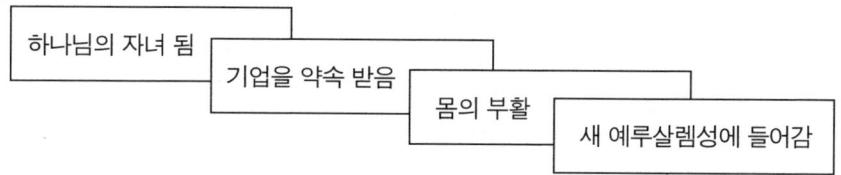

구약 성도는 다양한 사건을 통해 하나님의 속량을 경험했습니다. 그중 출애굽이 가장 의미가 있습니다. 이스라엘 백성은 애굽의 10번째 재앙 중 마지막 재앙에서는 자신의 집 앞 문설주에 어린양의 피를 뿌리면 살아남을 수 있었습니다. 이스라엘은 심판 속에서 애굽을 벗어났습니다.

하지만 분노한 애굽의 군대는 이스라엘을 추격했습니다. 하나님은 바다의 길을 열어 이스라엘을 도피시키셨습니다. 그들은 하나님의 살아 계심과 영광을 목격했습니다. 갈라진 홍해 속에서 성령세례를 받았습니다(고전 10:1-2).

구약의 성도들이 출애굽을 통해 하나님의 살아 계심을 체험한 것처럼 신약의 제자들과 성도들은 예수님을 통해 그와 같은 경험을 했습니다. 걷지 못하는 사람이 서게 되고, 맹인이 눈을 뜨며, 죽은 자가 살아났습니다. 그리고 예수님은 십자가에 달리시고 부활하셨습니다. 구약이 출애굽을 통해 속량을 전달하는 것처럼, 신약은 십자가를 통해 속량을 전달합니다. 출애굽도, 십자가도 모두 하나님 나라를 선포하는 같은 사건입니다.

바울은 속량 받은 성도가 영원한 하나님 나라를 약속받은 하나님의 자녀라고 알려 줍니다. 속량은 단순히 구원받은 상태를 설명하는 단어가 아닙니다. 그리스도 안에서 하나님 나라가 완성되는 것을 함의하는 단어입니다. 속량받은 백성은 자신이 속한 하늘의 집을 소망합니다(고후 5:1-5). 하나님은 그것을 성령을 통해 보증해 주십니다.

2) 오순절의 성령

개혁신학 대부분은 성령님이 성도에게 내주한 시점을 신약으로 합의하고 있습니다. 구체적인 시점은 조금씩 다르더라도 오순절이 그 기준이 됩니다. 하지만 구약의 하나님 나라를 발견하게 된다면 그 이야기는 달라집니다. 구약 성도가 먼저 성령님과 동행했다는 것을 인정한다면 신약 제자들이 성령을 받은 오순절을 어떻게 이해해야 할지 의문이 들 수도 있습니다.

오순절은 구약 이스라엘이 출애굽 후 시내 산에 도착한 것을 기념하는 절기입니다. 모세가 십계명과 율법을 받기 위해 홀로 시내 산에 올랐을 때 백성들은 밑에서 기다리고 있었습니다. 이때 이스라엘은 모세의 형 아론에게 황금 송아지 상을 만들어 달라고 요청했습니다. 우상 숭배입니다. 이스라엘은 모세가 없는 그 짧은 기간을 참지 못해 성령이 아닌 육신을 따랐습니다. 반면 예수님의 제자들은 마가의 다락방에 모여 성령께서 오시길 간절히 기도하며 기다렸습니다. 구약의 오순절과 신약의 오순절은 상반된 모습을 보여 줍니다. 육신을 따른 이스라엘은 우상 숭배를, 믿음을 따른 제자들은 성령에 충만하게 됩니다.

〔도표 24〕 **구약과 신약의 상반된 결과**

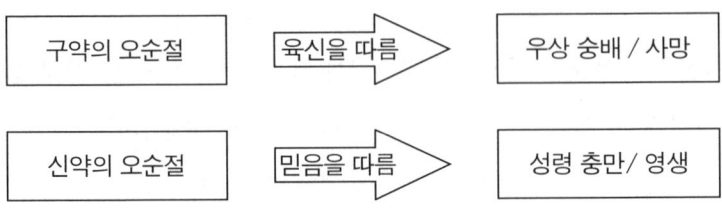

　신약의 제자들은 예수님께 복음을 들으며 하나님 나라를 접했습니다. 그들은 하나님 나라를 위해 모든 걸 포기했습니다. 그들의 믿음은 그들이 소유한 것이 아니었습니다. 성령께서 주신 것입니다.

　그들이 예수님과 귀신을 내쫓고 복음을 전할 때도 성령께서 함께하셨습니다. 예수님은 이미 그들이 깨끗하다고 말씀하셨습니다(요 13:10; 15:3). 오순절 날 그들이 경험했던 것은 성령의 충만함이었습니다. 성령은 오순절 전에 그들에게 내주하셨습니다. 구약에서 신약까지 성령께서 성도에게 내주하지 않으셨던 공백 기간은 없습니다.

　신약에서 구약을 인용하는 주 용도는 교훈을 주기 위한 것입니다. 성령이 아닌 육신을 따른 구약 성도를 본받아서는 안된다는 것을 말해 줍니다. 구약에서 성령을 따랐던 성도도 있었지만, 그렇지 않은 육신의 사람들이 더 자주 나오는 것은 구약이 쓰인 목적 때문입니다. 구약은 신약의 반면교사입니다. 출애굽과 시내 산의 사건이 육신의 결말을 말해 주며, 신약의 오순절이 성령을 따랐을 때의 모습을 말해 주는 것처럼, 성경은 구약과 신약을 통해 육신과 성령의 열매를 자주 비교합니다.

구약을 읽을 때 선명하지 않은 것은 신약을 통해 이해할 수 있으며, 신약을 이해하기 위해 구약을 활용할 수도 있어야 합니다. 신구약에 임한 하나님 나라를 하나로 생각하며 본질을 구분할 수 있을 때, 진리 앞에서 자유로울 수 있습니다.

6. 하나님의 나라

예수님과 바울이 전했던 하나님 나라는 동일합니다. 예수님은 이스라엘의 어린양을 위해 오셨고 바울은 이방인의 사도입니다. 예수님과 바울이 전한 하나님 나라의 공통점을 살펴보겠습니다.

1) 열매와 새 계명

> 또 누구든지 말로 인자를 거역하면 사하심을 얻되 누구든지 말로 성령을 거역하면 이 세상과 오는 세상에서도 사하심을 얻지 못하리라 나무도 좋고 열매도 좋다 하든지 나무도 좋지 않고 열매도 좋지 않다 하든지 하라 그 열매로 나무를 아느니라(마 12:32-33).

> 한 번 빛을 받고 하늘의 은사를 맛보고 성령에 참여한 바 되고 하나님의 선한 말씀과 내세의 능력을 맛보고도 타락한 자들은 다시 새롭게 하여 회개하게 할 수 없나니 이는 그들이 하나님의 아들을 다시 십자가에 못 박아

드러내 놓고 욕되게 함이라 땅이 그 위에 자주 내리는 비를 흡수하여 밭 가는 자들이 쓰기에 합당한 채소를 내면 하나님께 복을 받고 만일 가시와 엉겅퀴를 내면 버림을 당하고 저주함에 가까워 그 마지막은 불사름이 되리라(히 6:4-8).

예수님과 바울은 열매 비유를 통해 하나님 나라의 백성들이 지녀야 할 삶의 방향성을 제시합니다. 열매를 맺는 나무는 영생을, 열매를 맺지 못하는 나무는 불에 태워집니다. 이것은 한 번 복음을 듣고 그리스도를 주로 시인했더라도 육신을 따르는 옛사람의 모습을 지속한다면 성령님이 떠나실 수 있다는 것을 알려 줍니다.

예수님은 요한복음 15장의 포도나무 비유에서 열매를 맺는 방법을 알려 줍니다. 성령 안에서 삼위 하나님과 연합할 때 열매를 맺을 수 있습니다. 이 열매 맺음은 예수님이 전한 새 계명과도 같습니다. 새 계명은 육신이 아닌 영을 따를 때 지킬 수 있습니다. 육신을 따라 율법에 메어 있던 우리는 성령 안에 새사람이 돼서 새 계명을 지킬 수 있습니다. 바울은 예수님의 "네 이웃 사랑하기를 네 자신과 같이 사랑하라"(갈 5:14; 야 2:8)를 인용하며 새 계명을 설명했습니다. 바울은 새 계명을 성령의 법, 그리스도의 법, 자유롭게 하는 온전한 율법으로 표현합니다.

구약 백성은 이미 새 계명을 지키고 있었습니다. 하나님을 사랑하고 내 이웃을 사랑하며 성령으로 율법을 지키는 것이 새 계명입니다. 구약은 이를 마음의 할례, 귀의 할례로 표현합니다.

2) 소수의 그리스도인

> 엘리야가 그 중 한 사람에게도 보내심을 받지 않고 오직 시돈 땅에 있는 사렙다의 한 과부에게 뿐이었으며 또 선지자 엘리사 때에 이스라엘에 많은 나병환자가 있었으되 그 중의 한 사람도 깨끗함을 얻지 못하고 오직 수리아 사람 나아만 뿐이었느니라(눅 4:26-27).

> 하나님이 그 미리 아신 자기 백성을 버리지 아니하셨나니 너희가 성경이 엘리야를 가리켜 말한 것을 알지 못하느냐 그가 이스라엘을 하나님께 고발하되 주여 그들이 주의 선지자들을 죽였으며 주의 제단들을 헐어 버렸고 나만 남았는데 내 목숨도 찾나이다 하니 그에게 하신 대답이 무엇이냐 내가 나를 위하여 바알에게 무릎을 꿇지 아니한 사람 칠천 명을 남겨 두었다 하셨으니 그런즉 이와 같이 지금도 은혜로 택하심을 따라 남은 자가 있느니라(롬 11:2-5).

예수님은 하나님 나라에 들어가는 것은 낙타가 바늘귀에 들어가는 것만큼 어렵다고 하셨습니다. 성령을 따르는 삶이 그만큼 어렵다는 뜻입니다. 하지만 성령을 따라 사는 소수의 성도는 언제나 존재했습니다. 노아의 시대에는 노아와 그의 가족들, 여리고 성의 라합, 엘리야 때의 사렙다 과부, 엘리사 때의 나아만 장군, 바알에게 무릎을 꿇지 않은 칠천 명 등이 있습니다. 이들은 하나님의 은혜로 믿음을 지킨 소수의 그리스도인입니다.

오늘날도 이 상황은 동일합니다. 혼탁한 세상에서 지키는 사람은 소수입니다. 또한, 주님의 재림 때도 믿음을 지킨 성도는 소수일 것입니다. 구약과 신약을 통틀어 이 성도들은 속량 받은 하나님의 자녀입니다.

3) 하나님의 나라

하나님의 나라는 이미 임했지만, 아직 임하지 않았습니다. 예수님은 성령과 함께 귀신을 내쫓으면 하나님 나라가 이미 임했다 했고, 바울은 성령 안에서 누리는 기쁨과 평안이 하나님 나라라고 했습니다. 현재적 하나님의 나라는 성령 안에서 하나님의 통치에 참여하는 것입니다. 하나님의 통치에 참여한 성도 자체가 하나님의 나라가 됩니다.

하지만 온전한 하나님의 나라가 올 때가 남아 있습니다. 예수님과 바울은 하나님의 나라가 임하기를 간절히 사모하라고 했습니다.

하나님은 이 나라를 위해 이스라엘 민족을 먼저 택했습니다. 이스라엘을 통해 하나님 나라가 이뤄 가는 것을 보여 주며 하나님 나라의 원리를 이 세상에 전하셨습니다. 구약은 복음의 선구자입니다. 우리가 보기에 실패한 것처럼 보이지만, 구약이 그렇게 기록된 것은 모두 우리를 위한 것입니다.

하나님 나라의 복음은 이스라엘에서 이방인으로 확장됐습니다. 이 원대한 하나님 나라의 계획은 종착역을 향해 달려가고 있습니다. 우리는 지금 마지막 때를 살아가고 있습니다. 사탄은 호시탐탐 우리를 노리고 있습니다. 성령이 아닌 육신을 따르도록 다양한 방법으로 유혹합니다. 구약에 임한 하나님 나라는 우리에게 강한 경고의 메시지를 주고 있습니다.

이미 도끼가 나무 뿌리에 놓였으니 좋은 열매를 맺지 아니하는 나무마다 찍혀 불에 던져지리라(마 3:10).

제7장

하나님 나라의 백성

1. 하나님 나라와 열매

1) 씨 뿌리는 자의 비유

예수님은 비유를 통해 하나님 나라의 원리를 가르치셨습니다. 그 중 '씨 뿌리는 자의 비유'는 이미 임한 하나님 나라의 특징을 가장 잘 설명해 줍니다. 씨 뿌리는 자의 비유에는 네 가지 종류의 땅이 나옵니다(마 13:3-8; 막 4:1-9; 눅 8:4-8).

> 예수께서 비유로 여러가지를 그들에게 말씀하여 이르시되 씨를 뿌리는 자가 뿌리러 나가서 뿌릴새 더러는 길 가에 떨어지매 새들이 와서 먹어버렸고 더러는 흙이 얕은 돌밭에 떨어지매 흙이 깊지 아니하므로 곧 싹이 나오나 해가 돋은 후에 타서 뿌리가 없으므로 말랐고 더러는 가시떨기 위에 떨어지매 가시가 자라서 기운을 막았고 더러는 좋은 땅에 떨어지매 어떤

것은 백 배, 어떤 것은 육십 배, 어떤 것은 삼십 배의 결실을 하였느니라 (마 13:3-8).

농부는 네 가지 땅에 각각 씨를 뿌립니다. 길가에 떨어진 씨는 새들이 와서 금세 먹어 버립니다. 돌밭에 떨어진 씨는 흙이 얕아 싹이 나오나 뿌리가 없어 금방 말라 버립니다. 가시 밭 위에 떨어진 씨는 가시 때문에 열매를 맺지 못합니다. 마지막으로 좋은 땅에 떨어진 씨는 열매를 맺습니다.

〔표 31〕 성도와 비성도를 나누는 기준

열매 맺는 땅	열매 맺지 못 하는 땅
성 도	비 성 도

땅의 종류는 네 가지지만 결과적으로 두 가지 땅으로 나눌 수 있습니다. 열매를 맺는 땅과 그렇지 못하는 땅입니다. 씨앗을 뿌리는 자는 하나님입니다. 씨앗은 복음입니다. 복음은 좋은 땅, 하나님 나라의 백성 안에서 열매를 맺습니다. 열매를 맺지 못하는 땅은 비성도들입니다.

사탄은 이미 임한 하나님 나라에서 왕성하게 활동합니다. 사탄은 성도들이 열매를 맺지 못하게 방해합니다. 열매는 성도의 영생이기 때문입니다. 사탄은 모든 수단과 방법을 가리지 않고 성도들을 유혹합니다.

2) 열매

　구약과 신약에 임한 하나님 나라는 똑같습니다. 사용하는 개념도 동일합니다. 하나님 나라의 모든 개념은 구약에서 만들어졌습니다. 복음은 신약에서 구약의 언어로 쓰이거나 청중들을 위해 변형되기도 합니다. 이미 임한 하나님 나라의 특징을 잘 담고 있는 단어는 바로 '열매'입니다. 이 열매의 네 가지 뜻을 살펴보겠습니다.

　첫째, 열매는 성도와 비성도를 구별합니다.
　복음서에는 좋은 나무와 그렇지 않은 나무가 등장합니다. 좋은 나무는 좋은 열매를 맺고, 나쁜 나무는 나쁜 열매를 맺습니다. 좋은 열매를 맺는 나무는 하나님 나라에 참여한 성도입니다. 열매를 맺지 못하는 나무는 비성도입니다. 좋은 나무는 천국에 가고, 나쁜 나무는 불에 던져집니다.
　하나님 나라의 세계관은 사람을 두 부류로 나눕니다. 이 두 부류는 의인과 악인, 성도와 비성도, 좋은 열매를 맺는 땅과 나쁜 열매를 맺는 땅, 좋은 열매를 맺는 나무 그렇지 못하는 나무로 다양하게 표현됩니다. 결과적으로 이 두 부류의 사람은 성령을 따르는 사람과 육신을 따르는 사람이며, 하나님 나라에 들어가는 사람과 그렇지 못하는 사람입니다.
　둘째, 열매는 성령을 따르려는 성도의 노력을 비유합니다.
　농부는 열매를 맺기 위해 오랜 시간 공을 들입니다. 농부는 한 해의 농사를 꾸리기 위해 기온, 강수량, 일사량, 병충해 방지 등 여러 가지를 고려합니다. 아침 일찍 일어나서 해가 지기까지 수고해야 합니다. 성도가 성령의 열매를 맺는 것도 큰 노력이 필요합니다. 육신을 죽이고 성령의 음성에 민감해야 합니다.

성령의 열매는 우리가 그리스도를 닮게 해 줍니다. 전인격적인 변화입니다. 이 열매 맺음에는 개인적인 노력도 필요하지만 농사의 품앗이처럼 다른 성도의 도움도 필요합니다. 개인의 신앙 성숙도 중요하지만 믿음이 약한 성도를 품어 주는 섬김의 열매도 필요합니다. 하나님은 성도와 성도의 교제 속에 자라는 열매를 더욱 기뻐하십니다.

갈라디아서 5:22-24는 성령의 9가지 열매를 설명해 줍니다. 성령의 9가지 열매는 사랑, 희락, 화평, 오래 참음, 자비, 양성, 충성, 온유 그리고 절제입니다. 이 9가지 열매는 사람의 성품과 관련이 있습니다. 성도가 성령을 따라 살면 맺는 것들입니다.

이 성령의 열매와 반대되는 것이 있습니다. 육신의 일입니다. 음행, 더러운 것, 호색, 우상, 주술, 분쟁, 시기, 분냄, 당 짓는 것, 분열함, 이단, 투기, 술 취함과 방탕함 등입니다. 이 외에도 성령을 따르지 않는 모든 것은 육신의 일입니다(갈 5:20-21).

기독교 신앙은 믿음과 행함이 일치되는 것을 중요하게 생각합니다. 믿음은 어느 정도 설명할 수 있겠는데, 행함을 설명하기란 좀처럼 쉽지 않습니다. 더군다나 믿음으로 행한다는 것은 어떻게 행하는 건지 분간하기 어렵습니다.

이 행함은 다름 아닌 성령을 따라 행하는 것입니다. 그래서 열매는 이 믿음과 행함을 요구하는 대목에서 늘 함께 나옵니다. 성경에서 믿음으로 행하는 것을 강조하는 이유는 열매 맺는 것이 성도가 성령을 따라 살아가는 모습이기 때문입니다.

셋째, 열매를 맺는 방법입니다.

요한복음 15장에는 포도나무 비유가 나옵니다. 예수님은 포도나무를 통해 하나님과 성도의 하나 됨을 설명하셨습니다. 예수님은 포도나무입니다. 성도는 그 나무의 가지입니다. 포도나무의 가지는 포도 열매를 맺어야 합니다. 가지가 열매가 맺었다는 것은 포도와 가지가 하나인 것을 뜻합니다. 성도는 성령님과 함께 열매 맺을 수 있습니다. 우리는 성령님과 함께 하나님과 연합합니다(요 14:13). 성령으로 예수님께 접붙임 됐습니다.

예수님은 우리가 열매를 맺기 위해 계명을 지켜야 한다고 말씀하셨습니다. 이 계명은 물론 성령의 법입니다. 예수님은 누구든 자신을 사랑한다면 계명을 지키게 된다고 하셨습니다. 우리는 예수님을 사랑하기 위해 계명을 지키는 것이 아니라 사랑하기 때문에 계명을 지킵니다.

성령님은 성도에게 하나님을 사랑하는 마음을 부어 주십니다. 겨울이 지나 봄이 오면 새싹이 돋아나는 것처럼, 성도들이 열매를 맺는 것은 자연의 이치와 같습니다. 성도는 하나님을 사랑하며 성령의 법을 지키는 자들이기 때문입니다(요일 3:22-24).

넷째, 열매는 생명 나무를 뜻합니다.

성도가 성령님과 동행하면 성령의 열매를 맺습니다. 성령님은 성도에게 구원을 보증하시기 때문에 성령의 열매는 구원을 의미합니다. 그래서 성령의 열매는 생명 나무를 상징합니다.

생명 나무는 창세기에서 언급된 후 성경의 마지막 요한계시록에서 다시 등장합니다. 요한계시록의 생명 나무는 성도가 완성된 하나님 나라에서 받는 여러 복중 하나입니다. 이 열매는 새 예루살렘성 안에 있습니다 (계 22:2, 14, 19). 성령의 열매를 맺는 성도는 온전히 임할 하나님 나라에서 생명 나무의 열매를 먹게 됩니다. 성도는 성령의 열매를 맺으며 주님의 다시 오심을 기다립니다. 영생은 수고해 열매를 맺은 우리에게 주신 하나님의 선물입니다.

2. 백성의 기업 (구약)

1) 하나님 나라의 개념

하나님 나라의 세 가지 주요 개념은 백성과 통치 그리고 영토입니다. 이미 임한 하나님 나라의 통치는 그 백성인 성도에게만 이뤄집니다. 현재 임한 하나님 나라의 통치는 영토와 동일합니다. 하나님 나라의 백성이 하나님 나라 그 자체입니다.

완성된 하나님 나라에도 이 세 가지 개념이 존재합니다. 백성은 그대로입니다. 통치의 방법과 영토는 달라집니다. 이미 임한 하나님 나라의 통치는 백성들에게만 해당했지만, 온전한 하나님 나라는 모든 피조물을 통치합니다.

영토의 개념 또한 변합니다. 이 영토는 이 땅에 임할 실제적인 공간, '새 하늘과 새 땅'입니다.

〔표 32〕 하나님 나라의 통치와 영토

현재 임한 하나님 나라		완전한 하나님 나라	
통치 대상	성도들	통치 대상	모든 피조물
영토	성도 자체가 하나님 나라	영토	새 하늘과 새 땅 새 예루살렘성

성경은 완성된 하나님 나라를 기업이라고 부릅니다. 이 기업은 완성된 하나님 나라의 영토입니다. 성도가 받게 될 약속의 땅입니다. 기업의 개념은 창세기에 처음 등장했습니다(창 17:8).

하나님은 이스라엘 백성을 애굽에서 가나안 땅으로 인도하셨습니다. 이 가나안 땅은 애굽과 반대되는 희망의 땅입니다. 그런데 구약 성도들은 광야를 행군하면서 가나안 땅보다 더 가치 있는 것을 발견하게 됩니다.

성령을 따르던 구약 성도들에게 가나안 땅은 표면적인 목적지였습니다. 그들은 가나안 땅보다 하나님과 동행하는 삶이 더 중요했습니다. 구약 백성들은 자신들의 기업이 가나안 땅이 아니라는 것을 알고 있었습니다. 또한, 그들의 참 소망은 완성된 하나님의 나라였습니다.

2) 완성된 하나님 나라의 개념

〔표 33〕 완성된 하나님 나라의 개념의 분화

땅	기업	분깃
시 37:29-31 시 27:13	시 16:6 시 37:18	민 18:20; 신 32:9 시 119:57 시 142:5

-------------- 새 하늘과 새 땅을 지칭 --------------

주의 장막	주의 뜰 주의 성전	주의 집	하나님의 성소
시 61:4	시 65:4	시 84:4	시 73:17

-------------- 새 예루살렘성을 지칭 --------------

완성된 하나님 나라에는 두 가지 개념이 있습니다.

첫째, 새 하늘과 새 땅 그리고 새 예루살렘성입니다.

완전한 하나님 나라는 새 하늘과 새 땅이 결합된 모습입니다. 구약은 완성된 하나님 나라를 기업, 분깃, 유업으로 부릅니다. 종종 땅이라 표현하기도 합니다.

둘째, 성전과 관련 있습니다.

성전은 하나님께서 계시는 곳입니다. 성전의 실체는 새 예루살렘성입니다. 기업, 분깃, 유업보단 작은 개념입니다. 새 예루살렘성이 새 하늘과 새 땅에 있기 때문입니다.

시편의 저자는 하나님의 성전에 들어가는 자가 복이 있다고 했습니다. 구약 성도는 하나님의 성전을 사모했습니다. 하나님께서 그곳에 계시기 때문입니다.

3) 이스라엘의 기업

이스라엘은 열두 지파로 구성됩니다. 이 지파는 야곱의 열두 아들의 이름을 따왔습니다. 열두 부족이 이스라엘의 이름으로 모였습니다. 광야 생활을 마친 이스라엘은 마침내 가나안 땅에 들어가게 됩니다. 하나님은 가나안 땅을 지파별로 나눠 주셨습니다. 이 땅을 분깃 또는 기업이라고 합니다.

기업과 분깃이 사용된 구절을 유심히 살펴보면 새로운 사실을 발견할 수 있습니다.

> 이스라엘 자손의 땅에 기업도 없겠고 그들 중에 아무 분깃도 없을 것이나 내가 이스라엘 자손 중에 네 분깃이요 네 기업이니라(민 18:20).

하나님은 이미 이스라엘 열두 지파에 가나안 땅을 나눠 주셨는데, 왜 이런 말씀을 하셨을까요?

가나안 땅의 분깃은 본질이 아닙니다. 백성이 받게 될 기업은 하나님과 함께하는 것 그 자체입니다.

하나님은 이스라엘도 하나님의 기업이 된다고 말씀하셨습니다(신 9:29). 이것은 하나님과 하나님의 백성이 서로의 기업이 된다는 뜻입니다. 부부가 결혼하면 서로서로 책임질 의무를 지닙니다. 부부는 하나이기 때문입니다. 하나님과 하나님의 자녀가 서로의 기업이 된다는 건 하나님과 성도의 하나 됨을 뜻합니다.

완성된 하나님 나라가 성도의 기업이지만, 그 완성된 하나님 나라에 계시는 하나님도 성도의 기업입니다. 성경이 하나님과 성도를 서로의 기업이라 표현했다는 건 하나님과 성도의 사랑이 얼마나 깊은지 알려 줍니다. 현재 임한 하나님 나라가 성도 그 자체라는 말도 이해가 될 것입니다.

구약의 성도는 이미 임한 하나님 나라를 누리며 완성될 하나님 나라를 소망했습니다. 자신들이 받을 상급이 무엇인지도 잘 알았습니다(히11:10). 구약 성도는 가나안 땅의 원리를 통해 자신들에게 주어질 기업, 새 하늘과 새 땅을 꿈꿨습니다.

3. 백성의 기업(신약)

하나님 나라의 기업은 그리스도를 통해 약속된 것이며 그리스도를 통해 주어집니다(히 9:15). 하나님의 자녀 된 성도는 아들의 명분으로 하늘의 유산을 상속받습니다(갈 4:6-7). 구약 성도에게 약속된 이 하나님 나라가 신약 성도에게 주어집니다. 신약교회는 구약교회와 함께 유업을 받습니다(갈 3:29).

바울은 갈라디아서 3-4장에서 신약 성도도 아브라함과 함께 하나님 나라의 유업을 받을 자녀라고 말해 줍니다.

1) 완성된 하나님 나라

신약도 구약과 같이 '하나님 나라의 유업'을 다양하게 부릅니다.

[표 34] 완성된 하나님 나라를 지칭하는 방법

썩지 않는 유업 [벧전 1:4] [갈 3:29]	그리스도의 나라 [골 1:13]	흔들리지 않는 나라 [히 12:28]

완성된 하나님 나라 전체를 지칭할 때(새 하늘과 새 땅 + 새 예루살렘성)

하늘의 처소 / 장막 [고후 5:2, 4]	성도들의 진 사랑하시는 성 [계 20:9]	거룩한 성 새 예루살렘 [계 21:2]	하나님의 장막 [계 21:3]	하나님의 보좌 앞 (그의 성전) [계 7:15]

새 예루살렘성만 지칭할 때

구약은 완성된 하나님 나라를 땅, 기업, 분깃으로 표현했습니다. 신약은 '나라'라는 용어를 사용합니다. '나라'는 신약 성도에게 더 이해하기 쉬운 언어입니다. 신약의 요한계시록도 '장막'과 '성전'을 사용해 완성된 하나님 나라를 표현합니다. 완성된 하나님 나라와 같이 실존적이며 변하지 않는 고유한 개념일 경우 구약과 신약은 같은 표현을 사용합니다.

구약을 읽었을 때 모호했던 개념이 신약에 와서 선명해지기도 합니다. 시대마다 자주 사용하는 언어가 다르기 때문입니다. 성령의 다양한 이름이 그 예입니다. 반대로 구약에서 사용한 단어가 더 명확한 개념일 수도 있습니다. 그러면 신약은 구약의 언어를 다시 사용합니다. 구약은 먼저 하나님의 보좌와 새 하늘과 새 땅을 계시했습니다(사 65:17-18). 신약은 이 표현을 이어서 사용합니다.

2) 하늘의 보좌

요한은 요한계시록 4장에서 하늘의 보좌를 묘사했습니다.

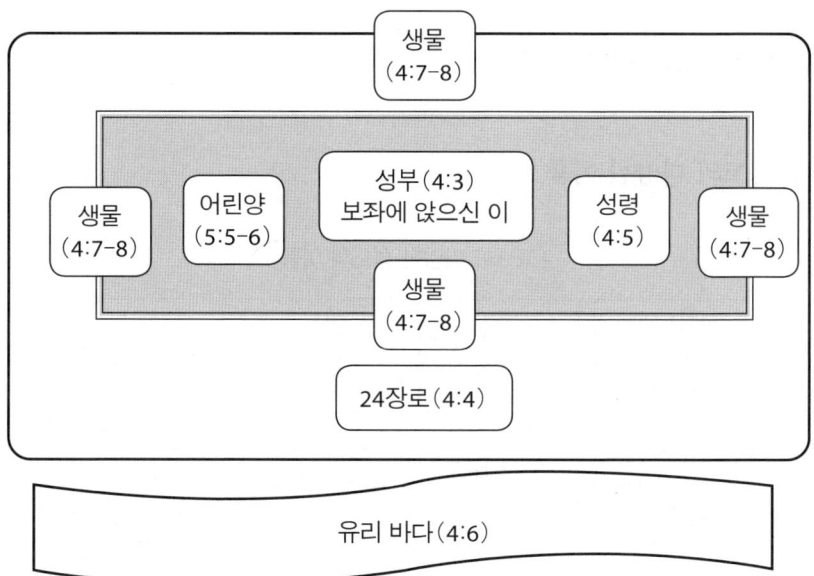

〔도표 25〕 하늘 보좌의 도식화

하나님의 보좌는 새 예루살렘성에 있으며, 보좌 가운데에는 성부 하나님께서 앉아 계십니다. 그리고 그 우편에는 성자 예수님이 계십니다. 성령님도 그곳에 계십니다. 이 보좌를 중심으로 네 생물이 서 있습니다. 그리고 보좌 앞에는 이십사 장로가 있습니다. 하나님의 보좌에는 생명수가 흐릅니다(겔 47:1-12, 계 22:1-2). 이 생명수는 강처럼 흐릅니다. 이 생명수 강을 따라 생명 나무가 줄지어 열매를 맺으며 자라납니다.

우리는 통상적으로 죽어서 가는 곳을 천국이라고 생각합니다. 실제적인 것보단, 영적인 것으로 생각합니다. 하지만 복음은 이곳이 물리적인 공간이라고 알려 주고 있습니다. 이곳은 '새 하늘과 새 땅' 그리고 '새 예루살렘성'이 하나 된 곳입니다.

4. 이기는 자는 누구인가?

1) 성도의 다양한 이름

〔표 35〕 다양한 성도의 이름

잠자는 자 [고전 15:20] [살 4:14]	하나님의 일꾼 [고후 6:4]	아들 [갈 4:7] [엡 1:5]	그리스도 예수의 사람들 [갈 5:24]
하나님의 권속 하나님의 시민 [엡 2:19]	빛의 자녀 [엡 5:8]	그리스도 예수의 좋은 병사 [딤후 2:3]	아브라함의 자손 [히 2:16]
하늘에 기록된 장자들 [히12:23]	흩어져 있는 열두 지파 [약 1:1]	하나님의 백성 [벧 2:10]	온 이스라엘 [롬 11:26]

성경은 성도의 이름을 다양하게 부릅니다. 여러 가지 성도의 이름은 바울 서신에 자주 등장합니다. 바울은 성도를 '아브라함의 자손, 하늘에 기록된 장자들, 흩어져 있는 열두 지파, 하나님의 백성'으로 불렀습니다. 이 이름은 구약과 신약의 용어가 섞여 있습니다. 바울은 구약과 신약 성도들 모두 하나님의 자녀라고 생각했기 때문입니다.

2) 요한계시록의 성도들

요한계시록에는 바울서신서 만큼 성도의 이름이 다양하게 등장합니다. 요한계시록은 사도 요한이 보고 들은 것을 기록했습니다. 보고 들은 것을 기록했기 때문에 상황에 따른 성도의 모습이 세밀하게 묘사됩니다. 다양한 사건이 나오기 때문에 성도의 이름도 다양합니다.

요한계시록은 소아시아의 일곱 교회에 전하는 하나님의 계시입니다. 요한계시록 초반 2-3장에서는 일곱 교회에 '이기는 자'가 받는 복을 알려줍니다. '이기는 자'는 마지막 때에 믿음을 지킨 소수의 사람입니다. '이기는 자'가 받을 복을 잘 살펴보면 이들이 모두 그리스도인이라는 것을 알 수 있습니다

〔표 36〕 일곱 교회의 성도가 받을 복

교회 이름	성도들이 받을 복	복을 받는 모습
에베소교회	생명 나무 열매 (계 2:7)	하나님의 보좌 앞 종 (계 22:2-3)

서머나교회	생명의 관 둘째 사망이 없음 (계 2:10-11)	둘째 사망이 없고, 그리스도와 왕 노릇 함 (계 20:6)
버가모교회	만나, 흰 돌 흰 돌은 잔치의 초대장 (계 2:17)	어린양의 혼인 잔치에 참여함 (계 19:7)
두아디라교회	만국을 다스리는 권세 (계 2:26-28)	심판하는 권세 (계 20:4)
사데교회	흰 옷 생명책에 기록 (계 3:5)	생명책에 기록된 자만 새 예루살렘성에 들어감 (계 19:8 / 계 21:27)
빌라델비아교회	하나님의 성전에 들어감 (계 3:12)	새 예루살렘성에 들어가 생명 나무를 먹음 (계 22:14)
라오디게아교회	보좌에 함께 앉음 (계 3:21)	심판의 권세를 받고 보좌에 앉은 자들 (계 20:4)

※ 위 모든 복은 새 예루살렘성 안에서 받습니다.

일곱 교회에 각각 메시지를 전하기 때문에 복잡하게 느껴집니다. 이기는 자가 다양한 복을 받는 것 같습니다. 하지만 그 복은 하나입니다. 이 복은 새 예루살렘성에 들어가는 것입니다.

새 예루살렘성은 생명책에 이름이 적힌 성도만 들어갈 수 있습니다. 하나님의 성전 안에 들어간 성도는 만국을 다스리는 권세를 얻으며, 예수님의 보좌에 앉게 됩니다. 생명 나무 열매를 먹고 영원한 생명을 누립니다.

성도는 흰 옷 입은 주의 백성입니다. 이 옷을 세마포라 부릅니다. 이 옷은 믿음을 지켜낸 성도의 거룩한 순결의 상징입니다.

요한계시록 7, 14, 15, 19, 20장에는 수많은 무리가 등장합니다. 이 무리는 모두 성도입니다. 요한은 이 광경을 보이는 대로 묘사했습니다.

〔표 37〕 요한계시록의 성도가 직면한 상황

계	수많은 무리 : 모든 성도의 이름
7장	9절 흰 옷을 입고 있는 자 14절 큰 환난에서 나오는 자 15절 하나님 보좌 앞에 있음, 성전에서 하나님을 섬김, 하나님께서 장막을 침 17절 생명수 샘으로 인도함을 받음
14장	1절 십사만 사천, 이마에 어린양의 이름과 아버지의 이름이 있음 2절 큰 우렛소리, 거문고를 탐 3절 땅에서 속량함을 받은 자 4절 순결한 자, 처음 익은 열매, 어린양에게 속한 자 5절 거짓말과 흠이 없음 12절 성도, 성령의 법을 지키는 자 13절 주 안에서 죽은 자
15장	2절 짐승과 그의 우상과 그의 이름의 수를 이기고 벗어난 자 3절 모세의 노래, 어린양의 노래를 부르는 자
19장	1절 허다한 무리의 큰 음성 6절 허다한 무리의 큰 음성 8절 세 마포 옷을 입음 9절 혼인 잔치에 청함을 받은 자들
20장	4절 짐승과 그 우상에게 경배하지 않은 자들, 천 년 동안 왕 노릇 함 5절 첫째 부활에 참여함 6절 둘째 사망이 없음

요한계시록 14장에 등장하는 '십사만 사천'의 정체에 대해 여러 가지 해석 방법이 있으나, 이들은 모두 성도입니다. 이미 죽었거나 살아서 주님의 재림을 맞이하는 성도입니다. 성도의 수가 꼭 십사만 사천 명은 아닙니다. 정확히 14만 4천 명이 될 수도 있지만, 수많은 성도를 뜻하는 단어일 뿐입니다. 큰 틀을 이해하면, 숫자에 연연하지 않아도 됩니다.

성도가 처하게 되는 상황을 잘 기억하고 있으면 요한계시록의 맥락을 쉽게 이해할 수 있습니다.

성도가 처한 상황은 3가지로 정리할 수 있습니다.

① 큰 환난을 통과했으며
② 주님의 재림을 맞이한 후 하늘로 들림 받고
③ 새 예루살렘성에 들어갑니다.

요한은 성도가 큰 환난을 통과한 후의 상황을 목격합니다. 환난을 통과한 후 성도는 주님의 재림을 하늘에서 맞이합니다. 그리고 새 예루살렘성에 들어가 하나님을 만나게 됩니다.

하나님의 보좌로부터 흐르는 생명수가 모여 바다를 만듭니다. 성도는 이 수정과 같은 유리 바다 위에 서서 하나님의 마지막 심판을 지켜봅니다. 이 마지막 일곱 대접 심판은 매우 중요합니다. 이 심판 후 새 하늘과 새 땅이 창조되기 때문입니다(계 15:8).

3) 이기는 자는 누구인가?

〔표 38〕 큰 환난에 대한 예언과 성취

신약	요한계시록
큰 환난에 대한 예수님의 예언 - 마 24:15-28 - 막 13:14-23 - 눅 21:20-24	성도가 환난을 통과하는 모습 - 계 7;14 - 계 14:3-4 - 계 15:2 - 계 20:4
단 12:7 [한 때, 두 때, 반 때- 3.5년]	계 13:3-7 [마흔 두 달- 3.5년]
큰 환난의 기간 : 3.5년- 이 기간이 정확히 3.5년인지 알 수 없지만, 큰 환난의 기간이 확실히 존재한다는 의미로 받아 드리면 됩니다.	

왜 요한계시록은 성도를 '이기는 자'로 표현했을까요?

요한계시록 7:14에서 성도를 큰 환난에서 나오는 자들이라고 합니다.

요한계시록 14:4에서 성도는 여자와 더불어 더럽히지 않는 자들입니다. 성경은 종종 하나님이 아닌 다른 것을 사랑하는 것을 '행음'이라 표현합니다. 요한계시록의 여자는 행음의 대상입니다. 이 여자는 음녀이며, 적그리스도를 추종하는 무리입니다. 이 무리는 성도가 하나님을 믿지 못하도록 유혹합니다.

요한계시록 15:2의 성도는 짐승과 그의 우상과 그의 이름의 수를 이기고 벗어났습니다. 요한계시록에는 두 짐승이 나오는데 하나는 사탄이며 나머지는 적그리스도입니다. 적그리스도는 사탄에게 권세를 받아 성도를 박해합니다.

요한계시록 20:4에서 성도는 하나님의 말씀 때문에 목 베임을 당한 영혼이라고 합니다. 성도는 짐승과 우상에게 경배하지 않고 표를 받지 않는 자들입니다. 성도는 적그리스도의 극심한 환난에도 믿음을 지켜 냅니다.

적그리스도는 마지막 때에 등장합니다. 특정한 종교집단 혹은 어떤 무리를 총칭할 수도 있지만, 적그리스도는 한 인물이 될 것입니다. 적그리스도는 하나님을 비방합니다. 마귀에게 지원받아 악의 무리를 이끌고 세상을 지배하려고 합니다. 적그리스도가 누구인지 분별하는 것이 어려울 수도 있지만, 적그리스도가 그리스도를 비방한다는 사실을 알면 의외로 쉽게 분별할 수 있습니다.

> 이기는 자는 이것들을 상속으로 받으리라 나는 그의 하나님이 되고 그는 내 아들이 되리라(계 21:7).

이 큰 환난은 적그리스도가 본격적인 활동을 시작하는 시간부터 주님의 재림 때까지 지속됩니다. 주님의 재림이 가까워질수록 적그리스도의 박해는 더 거세집니다. 하지만 성도는 목숨을 걸고 끝까지 믿음을 지켜 냅니다. 이 박해가 최고조에 이르는 순간 주님께서 다시 오십니다. 모든 악의 무리를 심판하실 것입니다. 성도는 주님의 다시 오심을 믿습니다. 적그리스도가 패배할 것을 확신합니다. 이것이 성도가 적그리스도를 이겨 낸 모습이며, 성도를 이기는 자라고 부르는 이유입니다.

때가 찼습니다. 주님께서 곧 오십니다. 구약 시대부터 성령을 따랐던 성도와 종말의 때 큰 환난을 통과한 성도 모두 자신의 기업 새 예루살렘성을 상속받을 것입니다. 이들은 모두 이기는 자, 하나님의 자녀입니다.

5. 복음의 하이라이트

> 보라 내가 새 하늘과 새 땅을 창조하나니 이전 것은 기억되거나 마음에 생각나지 아니할 것이라 너희는 내가 창조하는 것으로 말미암아 영원히 기뻐하며 즐거워할지니라 보라 내가 예루살렘을 즐거운 성으로 창조하며 그 백성을 기쁨으로 삼고(사 65:17-18).

이기는 자는 새 예루살렘성에 들어갈 권세를 받습니다. 이 성에는 하나님께서 계십니다. 성도는 이곳에서 하나님을 대면하게 됩니다. 마침내 우리가 꿈꾸던 하나님 나라가 이뤄집니다.

1) 예수님의 심판재앙과 재림

하나님의 심판재앙에는 세 가지 특징이 있습니다.

첫째, 구별입니다.
하나님의 심판은 비성도만 받습니다. 하나님의 심판은 구약 시대부터 이스라엘과 이방인 사이에 철저히 구별됐습니다. 모세의 10가지 재앙이 그 예가 되겠습니다.

둘째, 기회입니다.

일곱 나팔 재앙이 시작되기 전까지, 불신자에게 회개할 기회가 있습니다. 심판 재앙 중에도 회개의 기회가 있습니다. 하나님의 긍휼하심입니다. 하지만 예수님이 재림하시면 더이상의 기회는 없습니다.

셋째, 파괴입니다.

인류의 타락 후 인간의 죄가 세상에 가득 찼습니다. 하나님은 자신이 창조하신 피조물들이 파괴될 것을 염려하셨습니다. 홍수 심판을 통해 모든 인간을 심판하셨습니다. 홍수 심판의 목적은 보존이었습니다. 하지만 마지막 심판의 목적은 파괴입니다.

〔표 39〕 심판의 순서

일곱 인 > 일곱 나팔 > 일곱 대접 > 둘째 사망

예수님이 다시 오시면 심판이 시작됩니다. 심판이 한순간에 끝날 것 같지만 그렇지 않습니다. 심판은 일시적이지 않습니다. 하나님의 심판은 일곱 나팔 재앙을 시작으로 일곱 대접을 거쳐 둘째 사망에서 끝이 납니다.

일곱인 재앙은 심판의 전조입니다. 하나님께서 은혜를 거두시면 일곱인 재앙이 시작됩니다. 이 은혜는 인간에게 주신 양심, 자연 등, 세상이 유지되기 위한 보편적인 것입니다. 일곱인 재앙에는 전쟁, 기근, 지진 등이 있습니다. 하지만 사람들은 이 재앙이 하나님께 왔는지 모릅니다. 그저 자연

재해나 사회 현상으로 여깁니다.

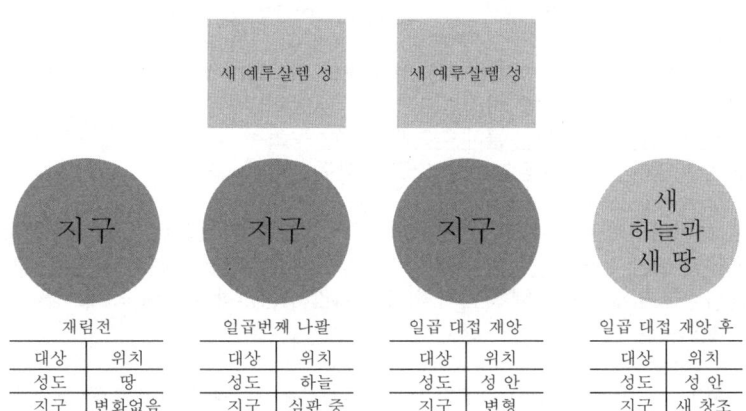

〔도표 26〕 새 하늘과 새 땅의 조감도

일곱 나팔부터 구별된 심판이 시작됩니다. 사람들은 성도가 심판으로부터 보호받는 모습을 보게 됩니다. 이 모습을 본 사람들은 심판이 하나님께 왔다는 것을 알게 됩니다.

일곱 대접 심판은 하나님의 새 창조를 준비하는 재앙입니다. 불신자를 심판함과 동시에 기존의 피조물을 파괴하는 것이 주목적입니다. 옛것이 파괴돼야 새것이 창조되기 때문입니다. 피조물의 파괴와 새 창조가 어떤 인과 관계를 맺는지 알아보겠습니다.

[표 40] 피조물의 파괴와 새 창조

> 이제 ③ 하늘과 땅은 그 동일한 말씀으로 ① 불사르기 위하여 보호하신 바 되어 경건하지 아니한 사람들의 심판과 ③ 멸망의 날까지 보존하여 두신 것이니라 … 그러나 주의 날이 도둑 같이 오리니 그 ① 날에는 하늘이 큰 소리로 떠나가고 물질이 뜨거운 불에 풀어지고 땅과 그 중에 있는 모든 일이 드러나리로다 이 모든 것이 이렇게 풀어지리니 너희가 어떠한 사람이 되어야 마땅하냐 거룩한 행실과 경건함으로 하나님의 날이 임하기를 바라보고 간절히 사모하라 ① 그 날에 하늘이 불에 타서 풀어지고 물질이 뜨거운 불에 녹아지려니와 우리는 그의 약속대로 의가 있는 곳인 ④ 새 하늘과 새 땅을 바라보도다 (벧후 3:7, 10-13).
>
> 이 또 한번이라 하심은 ② 진동하지 아니하는 것을 영존하게 하기 위하여 진동할 것들 곧 만드신 것들이 변동될 것을 나타내심이라 그러므로 우리가 ④ 흔들리지 않는 나라를 받았은즉 은혜를 받자 이로 말미암아 경건함과 두려움으로 하나님을 기쁘시게 섬길지니 (히 12:27-28).
>
> 형제들아 내가 이것을 말하노니 혈과 육은 하나님 나라를 이어받을 수 없고 또한 ③ 썩는 것은 썩지 아니하는 것을 유업으로 받지 못하느니라 (고전 15:50).

①번은 심판은 네 번째 대접 재앙입니다.

②번은 일곱 번째 대접 재앙입니다.

이 마지막 재앙은 큰 지진인데, 이 재앙으로 인해 지구의 형태는 거의 사라집니다. 이 불과 지진은 대접 재앙의 키포인트(Key Point)입니다. 나머지 대접 재앙도 지구를 파괴하는 것이 주목적입니다.

③번은 현재의 지구입니다.

현존하는 지구는 새 하늘과 새 땅의 창조까지 보존됩니다.

④번은 새 하늘과 새 땅입니다.

일곱 대접 재앙 이후 새 하늘과 새 땅은 창조됩니다. 고린도전서 15장에서는 썩어질 것이 썩지 아니한 것을 유업으로 받지 못한다고 합니다. 썩어질 것은 부활하기 전 성도의 몸을 뜻하기도 하며, 기존의 피조물인 지구를 뜻하기도 합니다. 현존하는 지구가 파괴돼야 새 하늘과 새 땅이 창조됩니다.

일곱 번째 나팔이 울린 후 주님께서 재림하십니다. 재림 후 성도는 하늘로 승천합니다. 하늘로 들린 성도는 새 예루살렘성을 둘러싼 유리 바다에 서 있습니다. 유리 바다는 제7장 3절 하나님의 보좌를 설명할 때 나온 개념입니다. 성도는 이 유리 바닷가에 서서 하나님의 공의로운 심판을 지켜봅니다. 이 유리 바다는 불이 섞인 유리 바다로 묘사됩니다. 하나님의 불 심판이 하늘에서 내려지니 투명한 유리 바다는 붉게 보입니다.

일곱 대접 재앙은 새 예루살렘성과 죄로 오염된 지구가 공존하는 시기입니다. 성도가 하늘 위 유리 바다에서 하나님의 새 창조를 기다리는 시간입니다. 이 시간은 그리 길지 않습니다. 이 재앙은 매우 신속하게 진행됩니다.

2) 성전 속 준비된 재앙

〔표 41〕 성전 속의 재앙

하나님의 성전 / 새 예루살렘성 안	
[출 19:9,16] [삼하 22:12-14]	빽빽한 구름
[시 18:11-12]	빽빽한 구름, 우박, 숯불
하나님의 성전 안에 7번째 대접 재앙이 담겨 있습니다.	요한계시록의 성전 [계 11:19] [번개, 우레, 큰 지진, 큰 우박]
일곱 째 대접재앙 [계 16:18, 21] = 큰 지진 + 불 우박 [출 9:24; 겔 38:22]	

구약은 하나님의 성전 내부를 자세하게 묘사합니다. 성전에는 빽빽한 구름과 함께 우레와 번개 소리가 들립니다. 요한계시록의 묘사와 일치합니다. 이 곳에는 하나님의 심판, 일곱 대접 재앙이 준비돼 있습니다.

대접 심판 중에는 누구도 성전 안에 들어갈 수 없습니다. 일곱 대접 재앙 심판이 하나님의 성전에서 나오기 때문입니다(계15:8). 일곱 대접 재앙이 막을 내리면, 지구는 형체를 알아볼 수 없을 정도로 파괴됩니다. 이후 옛것은 사라지고 새 하늘과 새 땅이 창조됩니다.

하늘의 성전은 에스겔 선지자가 이미 계시했고(겔 40-47장), 광야 성막과 솔로몬이 지은 성전을 통해서도 그 구조를 생각해 볼 수 있습니다. 성막은 성막 울타리 안에 존재했고(출 36장), 솔로몬이 지은 성전도 큰 벽 안에 둘러싸인 공간 안에 제사를 지내는 별도의 공간이 있었습니다. 하나님의 성전도 이처럼 새 예루살렘성 안에 있습니다.

성전은 하나님과 사람이 만나는 곳입니다. 이스라엘은 제사장을 통해 광야 성막에서 하나님을 만났습니다. 이후에는 솔로몬이 지은 성전이 그 역할을 대신했습니다. 예수님이 오신 후 이 땅의 제사와 성전은 사라졌습니다. 예수께서 성령으로 이루신 십자가의 제사가 모든 걸 대신합니다. 이제 예수님은 대제사장으로써 하늘의 성전에 계십니다. 하지만 이 성전은 새 하늘과 새 땅의 창조 이후 사라집니다(계 21:22). 하나님 존재 자체가 성전이시기 때문입니다. 더이상 성전은 필요 없습니다. 성도는 어떠한 제약 없이 하나님을 만날 수 있습니다.

〔표 42〕 땅의 성전과 하늘의 성전

	사용 시기	중재자
성막	광야	제사장
땅의 성전	구약	제사장
하늘의 성전	신약	예수님
새 창조 후	성도는 이제 하나님을 직접 보게 됩니다.	

3) 새 하늘과 새 땅의 창조

〔표 43〕 요한계시록 21장의 상황

일곱 대접 재앙 후
- 하나님의 장막이 성도들과 함께 있음(3절) - 하나님께서 성도의 눈물을 닦아 주심(4절) - 새 하늘과 새 땅이 창조 됨(5절) - 생명수 샘으로 인도 됨 / 새 예루살렘성 안(6절) - 위는 모두 이기는 자가 받는 상속들이다(7절) - 성도는 하나님의 자녀가 됨(7절)-언약의 성취

· 또 내가 새 하늘과 새 땅을 보니 처음 하늘과 처음 땅이 없어졌고 바다도 다시 있지 않더라(계 21:1).

☞ 처음 하늘과 처음 땅, 현존하는 지구가 사라진 후 새 하늘과 새 땅은 창조됩니다.

- 또 내가 보매 거룩한 성 새 예루살렘이 하나님으로부터 하늘에서 내려오니 그 준비한 것이 신부가 남편을 위하여 단장한 것 같더라 (계 21:2).

☞ 새 하늘과 새 땅이 창조된 후, 거룩한 성 새 예루살렘성은 하늘에서 새 땅으로 내려옵니다.

- 내가 들으니 보좌에서 큰 음성이 나서 이르되 보라 하나님의 장막이 사람들과 함께 있으매 그들은 하나님의 백성이 되고 하나님은 친히 그들과 함께 계셔서(계 21 :3).

☞ 하나님의 장막은 새 예루살렘성의 또 다른 표현입니다. 하나님의 장막이 성도들과 함께 있습니다. 성도들은 이제 하나님과 함께합니다.

- 모든 눈물을 그 눈에서 닦아 주시니 다시는 사망이 없고 애통하는 것이나 곡하는 것이나 아픈 것이 다시 있지 아니하리니 처음 것들이 다 지나갔음이러라(계 21:4).

☞ 큰 환난을 통과한 성도는 하나님을 뵙자 눈물을 흘립니다. 하나님께서 성도의 눈물을 닦아주십니다. 이때는 이미 처음 것들이 다 지나간 상태입니다. 성도는 새 예루살렘성 안에서 하나님께 위로를 받습니다.

- 보좌에 앉으신 이가 이르시되 보라 내가 만물을 새롭게 하노라 하시고 또 이르시되 이 말은 신실하고 참되니 기록하라 하시고(계 21:5).

☞ 하나님께서 만물을 새롭게 하셨다고 합니다. 일곱 대접 재앙 이후 새 하늘과 새 땅이 창조된다는 것이 더 확실해집니다.

· 또 내게 말씀하시되 이루도다 나는 알파와 오메가요 처음과 마지막이라 내가 생명수 샘을 목마른 자에게 값없이 주리니(계 21:6).

☞ 생명수 샘은 하나님의 보좌로부터 흐릅니다. 성도들은 생명수 샘을 따라 줄지어 난 생명 나무의 열매를 먹게 됩니다. 새 예루살렘성 안에서 말입니다.

· 이기는 자는 이것들을 상속으로 받으리라 나는 그의 하나님이 되고 그는 내 아들이 되리라(계 21:7).

☞ 적그리스도의 환난을 이겨낸 모든 성도, 이기는 자는 완성된 하나님 나라를 상속받습니다. 하나님은 우리의 하나님이 되고, 우리는 하나님의 자녀가 됩니다.

이 말은 어디서 많이 들어 본 것 같습니다. 맞습니다. 구약의 언약이 항상 반복해서 하던 말입니다. 마침내 하나님 나라가 완성되면 구약의 언약은 완성됩니다.

· 그러나 두려워하는 자들과 믿지 아니하는 자들과 흉악한 자들과 살인자들과 음행하는 자들과 점술가들과 우상 숭배자들과 거짓말하는 모든 자는 불과 유황으로 타는 못에 던져지리니 이것이 둘째 사망이라(계 21:8).

☞ 8절은 비성도의 이야기입니다. 육신의 사람은 마지막 때 적그리스도의 세력에 가담합니다. 주님의 재림과 함께 사탄과 적그리스도를 포함한 모든 악의 세력은 심판을 받습니다. 불과 유황으로 타는 불 못에 던져집니다.

6. 성 밖의 사람들

〔표 45〕 요한계시록이 비성도를 일컫는 말

땅에 거하는 자 [계 3:10] [계 11:10] [계 13:8] [계 13:14] [계 20:8]	이마에 인침 받지 못한 자들 [계 9:4]	재앙에 죽지 않고 남은 사람들 [계 9:20]	죽은 자, 땅을 망하게 하는 자 [계11:18] [계 20:5]
짐승의 표를 받은 자 [계 16:2]	요한계시록은 비성도들의 이름을 다양하게 표현합니다.		

요한계시록은 비성도를 '땅에 속한 자'라고 부릅니다. 그 외에도 다양한 이름들이 있습니다. 그들은 성령님이 함께하지 않는 육신의 사람입니다. 이와 반대로 성도는 '땅에서 속량함을 받은 자'들이며(계 14:3), '하늘에 속한 자'입니다(계 13:6).

현재는 성도와 비성도를 구분하는 것이 명확하지 않습니다. 하지만 마지막 때가 가까워질수록 그 구분은 명확해집니다. 누구든지 그리스도를 따를 것인지 적그리스도를 따를 것인지 선택해야 하기 때문입니다.

성령을 따르는 성도는 그리스도를 택합니다. 성령님이 내주하지 않거나 믿음을 저버리는 자는 자연스럽게 악의 세력에 가담합니다. 성령을 따르지 않던 사람들은 복음의 방관자 입장에서 악의 세력으로 변모합니다. 육신의 사람은 적그리스도를 따르고, 성령의 사람은 그리스도를 따릅니다.

적그리스도가 성도에게 가하는 '큰 환난'의 강도가 정점에 이를 때 주님께서 재림하십니다.

성도는 주님의 재림 후 새 예루살렘성에 들어갑니다. 땅에 거하는 자들은 새 예루살렘성에 들어갈 수 없습니다. 그들은 그저 새 예루살렘성의 아름다움과 새 하늘과 새 땅의 경이로움을 바라볼 뿐입니다.

1) 최악의 형벌

예수님은 부자와 거지 나사로 비유를 통해 천국의 모형을 설명하셨습니다(눅 16:20-26). 부자는 죽어서 지옥에 가고, 나사로는 천국에 갔습니다. 특이한 점이 있습니다. 지옥에 있는 부자가 천국에 있는 나사로를 볼 수 있습니다. 부자는 나사로와 함께 있는 아브라함에게 자신의 혀끝에 물 한 방울만 찍어 달라고 애원했습니다. 아브라함은 자신과 부자 사이엔 큰 구렁텅이가 있어서 불가능하다고 했습니다. 이처럼 지옥은 천국을 볼 수 있는 구조입니다.

〔표 45〕 악인이 가게 될 장소

어두운 곳 [마 8:12] [마 22:13] [벧후 2:4]	풀무 불, 불과 유황 못 [마 13:42, 50] [계 20:14-15] [계 21:8]	미끄러운 곳 [시 73:17-18]
스올 [잠언 7:27]	무저갱 [눅 8:31] [계 20:3]	밖 [눅 13:28]

 이 악인이 가게 될 장소에는 다양한 이름이 있습니다. 이곳은 어둡고 깊은 곳입니다. 그리고 새 예루살렘성 밖에 있습니다. 너무나 깊어 절대 나올 수 없습니다. 감옥과도 같습니다. 심판 후 악인들이 모이는 장소에 대해 다양한 의견이 있지만, 신학적인 합의점을 찾지 못했습니다. 하지만 성경을 종합적으로 볼 때 그 장소는 새 하늘과 새 땅의 어느 특정한 장소입니다.
 이 '성 밖'은 심판의 장소를 이해하기 위한 중요한 개념입니다. 악인들은 성도들이 성 안에서 하나님을 대면하는 모습을 보게 됩니다. 그들은 고통 속에서 증오와 절망을 맞이합니다. 이를 갈며 분노합니다(눅 13:28). 악인들에게 주어진 최악의 심판입니다.

2) 육신을 따르는 자 : 땅에 속한 자

〔표 44〕 성령을 따르지 않는 땅에 속한 자

성령을 따르지 않는 자 [고전 6:9-10; 15:50] [갈 5:21] ☞ 하나님 나라를 유업으로 못 받음		둘째 사망에 참여하는 땅에 속한 자 [계 21:8, 27; 22:15]

바울은 성령을 따르는 성도만 하나님의 나라를 유업으로 받을 수 있다고 강조합니다. 그와 더불어 그 유업을 받지 못하는 사람도 언급합니다. 이 육신의 사람은 성령님이 없거나 성령님을 훼방할 가능성을 가진 사람들입니다. 성령님을 훼방할 수도 있는 성도는 잠재적인 불신자입니다. 이들도 마지막 때에 적그리스도를 선택할 수도 있습니다.

우리는 바울의 서신서에 등장하는 육신의 사람과 요한계시록에 등장하는 땅에 속한 자의 공통점을 주목해야 합니다. 요한계시록의 땅에 속한 자의 행동은 바울 서신서의 '성령을 거스르는 자'의 모습과 일치합니다.

바울 서신서의 육신을 따르는 자는 요한계시록에서 땅에 속한 자가 됩니다. 시간과 공간이 다를지라도 종말을 맞이하는 모습은 같습니다.

3) 결단

초대교회에서 시작된 신학의 발전은 "어떻게 하나님과 인간이 다시 화목할 수 있을까?"에 대한 답을 찾는 과정이었습니다. 천주교를 비롯한 개신교의 다양한 종파는 답을 찾기 위해 노력했습니다.

다양한 생각만큼이나 다양한 답이 나왔습니다. 하지만 하나님 나라에서 구약을 제외하는 신학적 통념은 바뀌지 않았습니다. 구약이 빠진 복음은 매우 모호합니다. 흐릿한 복음을 들은 사람은 하나님 나라를 위해 쉽게 결단을 내릴 수 없습니다.

지금까지 함께 살펴본 하나님 나라는 신구약 교회가 그리스도 안에서 화목하게 될 것이라 말해 줍니다. 이 화목은 성도의 개인적 차원에 국한되지 않습니다. 온 우주와 교회가 그리스도의 통치 안에 화목하게 됩니다. 신구약이 하나 된 교회는 그리스도 안에서 속량됩니다. 그리스도의 속량은 하나님의 언약 속에서 이뤄집니다. 복음은 우리가 이 언약 속에 머물기 위해 성령을 따르는 삶을 지속해야 한다고 가르칩니다. 일시적인 것이 아닙니다. 그리고 언제나 현재적입니다. 매 순간 결단과 순종이 필요합니다.

지금 우리가 성령을 따르지 않는다면 육신을 따랐던 구약의 성도같이 됩니다. 지금 우리가 성령을 따르지 않는다면 요한계시록에서 적그리스도를 추종하는 땅에 거하는 자가 될 수도 있습니다. 하나님은 우리가 성 밖의 악인이 아닌 성 안의 성도가 되길 원하십니다.

나가는 말

　이 책이 여러분에게 제시하는 새로운 관점은 '구약과 신약의 하나님 나라는 같다'라는 것입니다. 하나님 나라의 통치는 구약에서 시작됐고, 구약의 복음이 신약으로 전해져 마침내 성취됐습니다. 성령께서 신약 시대와 우리에게 임재하시는 것처럼 구약의 이스라엘과 복음을 받은 일부 이방인들에게 이미 내주하셨습니다. 이것을 인정하는 것은 사소해 보일 수도 있지만, 구약을 올바르게 읽는 지침서가 될 것입니다. 복음의 회복과 한국교회의 소망은 구약의 하나님 나라를 발견하는 것에서 시작될 것입니다.
　이 관점이 유익한 이유는 다음과 같습니다.

　첫째, 언약에 대한 새 관점을 열어 줍니다. 지금까지 개혁주의 신학은 옛 언약과 새 언약의 다른 측면을 크게 강조해 왔습니다. 이것은 신구약을 균형 있게 보는데 걸림돌이 됩니다. 옛 언약과 새 언약이 같다는 것은 율법과 성령의 법, 마지막 때 성도에게 주어질 기업(새 하늘과 새 땅), 이스라엘과 이방인의 관계, 그리스도의 오심 등에 대한 올바른 해석을 재고합니다.
　둘째, 성경적인 구원론을 정립합니다. '구원'은 성도들이 가장 관심을 갖는 주제입니다. 교회는 성도가 어떻게 구원을 받으며, 그 과정과 결말에 대해 가르칩니다. 왜곡된 칭의론은 '한번 구원은 영원한 구원'이라는 생각을 낳습니다. 구약의 하나님 나라의 선례와 예수님과 바울의 열매 비유를 보면 답을 쉽게 찾을 수 있습니다. 성도의 구원은 '이미' 얻은 것도 아니요 '아직' 완성된 것도 아닙니다. 성령께서 떠나시는 이유와 성도의 성화는 '이미'와 '아직' 사이의 긴장 속에 있습니다. 이 긴장이 성도의 성숙을 '견인' 합니다.

셋째, 기독론의 넓은 시각을 제시합니다. 예수님이 오신 이유를 '나의 구원을 위해 오신 하나님' 정도로 생각할 수도 있습니다. 하지만, 예수님은 보다 많은 일을 감당하십니다. 예수님은 옛 언약의 신실함을 입증하셨으며, 그 언약을 신약에서 완성하셨습니다. 언약의 중보자 되신 예수님은 구약과 신약을 연합시킵니다. 신구약 교회는 그리스도 안에서 화목을 이룹니다. 이 화목은 성도 간의 교제를 넘어 교회와 우주로 확장됩니다.

넷째, 종말론의 새로운 관점을 제시합니다. 하나님 나라의 신학과 종말론은 매우 긴밀하게 연결됐습니다. 마지막 때를 다루는 종말론은 여러 가지 관점이 있으나, 시대의 요구에 따라 인기 있는 종말론은 늘 변해왔습니다. 현재는 '무천년설'이 주류입니다. '무천년설'은 승리한 교회와 이미 임한 하나님 나라에 중점을 두기에 종말의 소망이 다소 약합니다. 반대로 앞으로 임할 하나님 나라를 강조하는 '역사적 전천년설'도 있습니다. 이 이론은 주님의 재림 후 새 하늘과 새 땅이 창조되기 전 천년의 기간이 있다고 생각합니다. 하지만, 이 기간에 불신자의 회개도 가능하다고 생각합니다. 성경적이지 못한 내용들도 많습니다. 두 이론 모두 장단점을 갖고 있습니다. 이 책은 '역사적 전천년설'을 바탕으로 주님의 재림 후 마지막 심판(대접 재앙)이 끝날 때 새 하늘과 새 땅이 곧바로 창조된다고 제시합니다.